Allez au bout de vos rêves

Catalogage avant publication de Bibliothèque et Archives Canada
Barrett, Thomas J.
Allez au bout de vos rêves : le sens du succès grâce au marketing de réseau
Traduction de : Dare to dream and work to win.
ISBN 978-2-89225-635-2
1. Marketing de réseau. 2. Succès. 3. Marketing direct. I. Titre.
HF5415.126.B3714 2007 658.8'72 C2007-940075-2

Adresse municipale :
Les éditions Un monde différent
3905, rue Isabelle, bureau 101
Brossard, (Québec), Canada
J4Y 2R2
Tél. : 450 656-2660
Téléc. : 450 659-9328
Site Internet : http://www.unmondedifferent.com
Courriel : info@umd.ca

Adresse postale :
Les éditions Un monde différent
C.P. 51546
Succ. Galeries Taschereau
Greenfield Park (Québec)
J4V 3N8

Cet ouvrage a été publié en langue anglaise sous le titre original :
DARE TO DREAM AND WORK TO WIN : UNDERSTANDING THE DOLLARS AND SENSE OF SUCCESS IN NETWORK MARKETING
Published by Business/Life Management, Inc.
1501 Black-eyed Susan Lane
Vienna, VA 22182
www.daretodream.net
Tél. : 703 759-6085

Dépôts légaux : 1er trimestre 2007
Bibliothèque nationale du Québec
Bibliothèque nationale du Canada
Bibliothèque nationale de France

Conception graphique de la couverture :
OLIVIER LASSER

Version française :
JOCELYNE ROY

Photocomposition et mise en pages :
ANDRÉA JOSEPH [PageXpress]

Typographie : Garamond 13 sur 15,6 pts

ISBN 978-2-89225-635-2
EAN 9782892256352
(Édition originale : ISBN 0-9641065-1-5, Vienna, VA)

Nous reconnaissons l'aide financière du gouvernement du Canada par l'entremise du Programme d'aide au développement de l'industrie de l'édition pour nos activités d'édition (PADIÉ).

Gouvernement du Québec – Programme de crédit d'impôt pour l'édition de livres – Gestion SODEC.

Imprimé au Canada

Tom Barrett, Ph.D.

Allez au bout de vos rêves

LE SENS DU SUCCÈS GRÂCE AU MARKETING DE RÉSEAU

UN MONDE DIFFÉRENT

À Linda, Lindsay et Stephanie

Vous êtes la raison pour laquelle
je vais jusqu'au bout de mes rêves

TABLE DES MATIÈRES

Deuxième partie
LE VOLET PSYCHOLOGIQUE DU SUCCÈS

Troisième partie
LE POUVOIR DU LEADERSHIP DANS LE MARKETING DE RÉSEAU

REMERCIEMENTS

Dans l'univers du marketing de réseau, personne ne réussit seul. C'est toujours un travail d'équipe. Il en a été de même pour la rédaction de cet ouvrage. Je suis reconnaissant à l'équipe qui a facilité la réalisation de ce projet.

Rosetta Little – bien que tu vives à près de 5 000 kilomètres de distance, tu as participé à toutes les étapes de la rédaction. Tes encouragements constants à propos de l'importance de ce livre m'ont permis de continuer même lorsque j'étais « perdu dans le brouillard ».

Joel Goins, Bryan Grimmer, Ph.D., Frank et Danny Leonard, Jeff LeSourd et Simon Warner – tous des entrepreneurs. J'ai maintes fois puisé à même votre vision pour achever cet ouvrage. Je suis honoré de faire partie de cette industrie et de vous appeler mes amis.

Mary et Dr Ron Seeley – pour l'avoir déjà fait, vous savez tous deux ce qu'est écrire un livre. Merci de m'avoir épaulé dans cette aventure. Une fois de plus, votre amitié m'a soutenu.

Hassell Wright – en tant qu'éditeur, ton amour de l'écriture a fait de cet ouvrage un bien meilleur livre. Et ton sens de l'humour a rendu beaucoup plus agréable cette tâche ardue qu'est la révision.

Lindsay Barrett – merci d'avoir patiemment aidé ton père avec le soutien technique et la création des graphiques. Tes compétences en informatique m'ébahissent.

Stephanie Barrett – merci d'avoir montré à ton père comment esquisser la « trame d'une histoire ». Je regarde ton diagramme chaque jour lorsque je m'assois pour écrire.

Linda Barrett – tes empreintes digitales tapissent chaque page de ce livre. Tout comme ma vie, il est bien meilleur grâce à toi. Merci de ton amour indéfectible et des encouragements que tu m'as prodigués tout au long de ce projet.

À tous les membres de mon équipe – merci de m'avoir donné le privilège de rêver et de travailler avec vous. Continuons de réussir ensemble.

INTRODUCTION

Le marketing de réseau est une industrie qui est là pour rester. Sur Wall Street, dans les salles de conseil d'administration des grandes entreprises, et dans le monde des affaires en général, le marketing de réseau fait de plus en plus figure de proue. Globalement, ces groupes ont mis du temps à se convertir au marketing de réseau. Mais étant donné le climat qui règne aujourd'hui dans le monde des affaires, ils savent qu'il s'agit d'une extraordinaire stratégie pour acheminer des biens et des services jusqu'à l'utilisateur final : le client. Ils savent également que le marketing de réseau est extrêmement dynamique, capable de rendement, efficace et rentable.

Ces groupes n'ont pas été les seuls à se faire prier pour accepter le marketing de réseau en tant que concept de commercialisation légal et astucieux. D'innombrables individus ont entendu parler du marketing de réseau (du marketing à paliers multiples ou encore de la vente en réseau par cooptation) durant des années, sans jamais le prendre au sérieux.

J'étais l'un d'eux. Pendant des années, j'ai été approché par diverses entreprises de marketing de réseau que j'ai toutes instantanément écartées. Chaque fois que j'entendais dire qu'une entreprise de plus utilisait cette stratégie de marketing, je présumais qu'il ne s'agissait de rien d'autre que d'une nouvelle variante de vente pyramidale. À mes yeux, seul un imbécile pouvait adhérer à un tel modèle de commercialisation.

Après avoir fait la connaissance de nombreuses personnes dont la vie et la situation financière s'étaient merveilleusement améliorées grâce à leur participation au marketing de réseau, j'ai décidé de me pencher sérieusement sur la question. Je voulais comprendre pourquoi ces gens étaient à ce point motivés et remplis d'un tel enthousiasme. Au terme de mes recherches, mon opinion avait effectué un virage à 180 degrés. J'ai conclu qu'il serait idiot de ne pas m'engager dans cette nouvelle industrie. J'ai choisi une entreprise, je suis devenu membre, et je me suis lancé. J'ai alors pris la décision professionnelle la plus sage de toute ma vie.

Le marketing de réseau continuera d'attirer un nombre sans précédent de gens au cours des années à venir. Ce phénomène se produira pour deux raisons :

1) Des changements majeurs ont transformé l'industrie du marketing de réseau. Ces changements sont tous positifs. Le marketing de réseau a atteint de nouveaux paliers en ce qui concerne :

- l'intégrité ;
- le professionnalisme ;
- l'acceptation par le courant de pensée majoritaire ;

- la rentabilité pour les participants;
- le perfectionnement technologique;
- la formation et le soutien.

2) Des changements majeurs ont transformé la main-d'œuvre traditionnelle. Les progrès technologiques et les réalités économiques ont engendré des changements considérables et permanents dans de nombreux secteurs du monde du travail contemporain. Les « règles du jeu » ont changé pour tous ceux qui œuvrent dans les domaines du droit, de la médecine, des soins de santé, de la vente, de l'informatique, de la petite entreprise et d'innombrables autres champs d'activité.

Dans l'arène des affaires, les conséquences de la rationalisation exigent qu'un nombre plus restreint d'individus accomplit davantage de tâches, en moins de temps, et avec moins de ressources. Dans les hautes sphères du monde des affaires, la loi de l'offre et de la demande est une réalité quotidienne. Le nombre d'individus se disputant les meilleures places dépasse le nombre de postes libres.

Pour de nombreuses personnes, la vie dans le monde des affaires est devenue un jeu de chaises musicales. Pendant que la musique joue, les gens continuent à se déplacer. Mais ils savent tous que la musique peut s'arrêter n'importe quand. Par conséquent, ils vivent dans la crainte silencieuse, mais constante, de demeurer debout, sans chaise sur laquelle s'asseoir, lorsque le silence se fera.

Les conséquences de ces changements sont évidentes. Dans le monde du travail actuel, de nombreuses personnes concluent que:

- les exigences en matière de temps sont trop importantes ;
- le stress est trop élevé ;
- les possibilités de liberté (en ce qui a trait au temps et à l'argent) sont trop restreintes ;
- la sécurité d'emploi est devenue un espoir illusoire ;
- les récompenses sont trop insignifiantes.

Ces changements qui sont survenus dans le monde du travail traditionnel, tout comme les changements positifs qui ont marqué l'industrie du marketing de réseau, sont en train d'attirer de nouveaux participants dans l'univers de la commercialisation à paliers multiples.

Si vous êtes un débutant dans ce domaine, permettez-moi de vous souhaiter la bienvenue dans un monde merveilleux. J'espère que cet ouvrage saura abréger votre courbe d'apprentissage, élargir votre vision, renforcer vos résolutions, et accroître vos chances de succès. J'y cite de nombreux sujets dont j'aurais bien aimé entendre parler, ou que j'aurais voulu comprendre, lorsque j'ai créé mon entreprise.

Si vous êtes un vétéran du marketing de réseau, cet ouvrage vous permettra d'enseigner à votre chaîne de représentants de nombreuses choses que vous savez déjà. Vous y trouverez également du nouveau matériel ou des sujets qui sont rarement abordés dans le monde du marketing de réseau.

Pour simplifier les choses, j'ai choisi d'utiliser l'expression « marketing de réseau » tout au long de cet ouvrage, même si l'expression « commercialisation à paliers multiples » est tout aussi appropriée. De même, j'ai opté pour le mot « représentant » pour désigner les gens qui sont membres du réseau. Si vous ou votre entreprise, utilisez le mot « distributeur » ou « associé » au lieu de « représentant », sachez que je m'adresse également à vous lorsque j'utilise ce terme.

Que vous soyez un néophyte ou un adepte chevronné du marketing de réseau, je souhaite que ce livre contribue à la croissance de votre entreprise. Le marketing de réseau est le tremplin idéal pour tous ceux qui osent aller jusqu'au bout de leurs rêves. Que cet ouvrage vous permette de réussir.

TOM BARRETT, Ph.D.

ALLEZ JUSQU'AU BOUT DE VOS RÊVES

Première partie

Les fondements du succès

Chapitre 1

QUAND LE BROUILLARD SE DISSIPE

Londres, Angleterre. On appelle « purée de pois » le brouillard à couper au couteau qui enveloppe souvent la ville. Il y est si dense qu'il restreint la vision, étouffe les sons et ralentit la progression de tous ceux qui y vivent. Un grand nombre d'entre nous associe le marketing de réseau à une « purée de pois ». De loin, les gens voient bien que le marketing de réseau (ou commercialisation à paliers multiples) est un monde lumineux et excitant qui permet d'y voir clair et qui élève l'esprit. Un monde où tous sont les bienvenus et où tous sont encouragés à oser caresser les rêves les plus fous, à travailler plus dur qu'ils ne l'ont jamais fait, et à goûter à une liberté qu'ils croyaient impossible. Un univers où il fait bon vivre et travailler.

Pour de nombreux participants, cette industrie qui semble si attrayante de loin se trouve ensevelie dans le brouillard dès qu'ils y pénètrent. Ils perdent alors aisément leur vision, n'entendent plus ce que disent les autres, et constatent que leur progression frôle l'immobilisme.

Peut-être connaissez-vous ce brouillard aussi bien que moi. Je m'y suis perdu. J'y ai erré pendant toute ma première année d'évolution dans l'univers du marketing de réseau. Je savais qu'il s'agissait d'un secteur dans lequel une personne moyenne, ayant un désir de réussir au-dessus de la moyenne, pouvait arriver à ses fins. J'avais rencontré un nombre considérable de gens ordinaires qui œuvraient dans le domaine du marketing de réseau et qui en tiraient un revenu extraordinaire. Mais ce modèle ne fonctionnait pas pour moi. La croissance de mon entreprise était modeste et ordinaire. De fait, elle était lente. Trop lente. Mais, perdu dans le brouillard, je n'arrivais pas à comprendre pourquoi. Je la dirigeais pourtant du mieux que je le pouvais.

« Vous pouvez diriger votre entreprise à plein temps ou à temps partiel, mais pas à temps perdu. »

Si j'ai persévéré, c'est uniquement parce que j'étais habité par l'inébranlable conviction que la fusion entre le marketing de réseau et des entreprises de premier ordre ne pouvait être qu'une combinaison gagnante pour la compagnie et ses clients, ainsi que pour les représentants ou distributeurs. Mais cette conviction tardait à donner des résultats. Je ne voulais plus entendre parler de quiconque avait connu une réussite phénoménale grâce au marketing de réseau. La réussite des autres est devenue comme une arme à double tranchant. Leur histoire me motivait et m'irritait tout à la fois. Je voulais réussir moi aussi. Je savais que je n'étais pas sur la bonne voie. Quelque chose m'échappait. Mais comme j'étais novice en matière de marketing de réseau, je n'avais aucune idée de ce que cela pouvait être. J'étais perdu dans le brouillard. Et avant qu'il ne se dissipe, je ne pouvais que continuer à diriger mon entreprise en donnant le meilleur de moi-même.

Finalement, le brouillard a commencé à se dissiper. Je ne me suis plus contenté de regarder. J'ai commencé à voir. J'avais survécu à la courbe d'apprentissage du marketing de réseau. J'ai su que mon entreprise allait se développer parce que je commençais à comprendre et à mettre à exécution certains des concepts de base qui garantissent croissance et prospérité dans cette industrie. Ces révélations ont fait en sorte que j'ai poursuivi mon projet avec enthousiasme, patience et confiance.

Lorsque le brouillard s'est dissipé, trois principes fondamentaux du marketing de réseau me sont apparus clairement. Beaucoup de gens qui évoluent dans l'univers du marketing de réseau n'en ont jamais entendu parler. Certains d'entre nous en ont eu vent sans y prêter vraiment attention. Nous rejetons ces principes en alléguant qu'ils ne sont que de simples suggestions, des clichés ou des concepts aléatoires. Par conséquent, leur importance en tant que principes fondamentaux nous échappe. Comme dans la plupart des « idées les plus simples », ils cachent une grande richesse. Les trois principes fondamentaux du marketing de réseau sont :

1. L'EFFORT SOUTENU

2. LA DUPLICATION

3. L'INVESTISSEMENT DE TEMPS

Examinons ces principes un à la fois. Bien qu'ils puissent sembler négligeables de prime abord, ils s'imposent comme une nécessité absolue dans notre industrie pour qui veut réussir et ne pas dévier de sa trajectoire.

PRINCIPE Nº 1 : L'EFFORT SOUTENU

Prenons l'exemple d'un individu qui souhaite perdre 10 kilos et retrouver la forme. Imaginez qu'il hésite entre 2 stratégies. En optant pour la première, il mangerait modérément et ferait de l'exercice tous les jours. La deuxième stratégie lui permettrait de manger tout ce qui lui plaît chaque jour et de ne pas faire d'exercice. Mais tous les 7 jours, il devrait jeûner, faire 8 kilomètres de jogging et s'adonner à une séance d'haltérophilie de 2 heures. Quelle stratégie recommanderiez-vous ? Et que recommanderiez-vous à l'individu qui souhaite devenir un musicien accompli ? Devrait-il s'exercer 30 minutes par jour, ou 3 heures une journée par semaine ?

La réponse à ces questions est évidente. En soi, le principe de l'effort soutenu n'est pas difficile à comprendre. C'est dans sa mise en œuvre que le bât blesse. Et ceux qui espèrent réussir dans l'univers du marketing de réseau doivent appliquer ce principe s'ils veulent assurer la croissance de leur entreprise.

Il faut être prêt à consacrer beaucoup de temps à notre entreprise si sa croissance nous tient vraiment à cœur. Cet investissement pourra varier en fonction de nos buts et des circonstances. Sans ces efforts constants et quotidiens, il est peu probable que notre entreprise se développe. Cet investissement est nécessaire, peu importe le revenu mensuel que nous visions : 300 $, 3 000 $ ou 300 000 $. Voici maintenant quelques conseils qui vous aideront à demeurer persévérant :

La discipline est le prix du succès

Le succès, la grandeur et la personnalité ne sont pas le produit d'un moment grandiose et unique. Ils sont façonnés et ciselés, lentement et discrètement, jour après jour. Ils émergent de l'accomplissement de nombreux petits gestes successifs, ennuyeux et apparemment sans importance. Et tout doucement naît le succès. Dans le monde du marketing de réseau, cela signifie un appel téléphonique supplémentaire de deux minutes dans le but de s'enquérir de l'intérêt de quelqu'un, un petit-déjeuner ou une tasse de café de plus avec quelqu'un afin de lui présenter notre entreprise, une télécopie ou un appel de suivi de plus, de la formation, etc. Pris isolément, ces quelques gestes n'ont pas de réelle valeur. Mais globalement, ils permettent de clarifier l'objectif, forment le caractère, affinent les compétences et rassemblent une équipe d'individus animés du même désir de gagner.

Vous pouvez diriger votre entreprise à plein temps ou à temps partiel, mais pas à temps perdu

La raison est simple. Personne n'a de temps à perdre. Nous mettions à profit les 24 heures d'une journée bien avant d'avoir entendu parler du marketing de réseau. Et nous continuerons à le faire. La seule façon d'avoir du temps à consacrer à une entreprise est de se le donner. Le marketing de réseau est une entreprise de contraintes. Les gens ne restent pas assis en attendant que leur agenda se remplisse.

Érigez votre entreprise dans vos « bulles de temps libre »

Vous rappelez-vous une vieille publicité à propos des muffins anglais ? Elle faisait référence aux « bulles d'air » qu'ils renfermaient. Je recommande aux représentants d'ériger leur entreprise dans les « bulles de temps libre » de leur vie quotidienne. C'est ainsi que j'ai fondé la majeure partie de mon entreprise. Dans ma pratique privée, j'ai une dizaine de minutes de liberté entre chaque consultation. C'est une bulle de temps libre, ou si vous préférez, un intervalle dans mon emploi du temps.

La plupart de mes rendez-vous reliés à mon entreprise de marketing de réseau se prennent pendant ce temps libre. En passant, lorsque je téléphone à des gens, et qu'ils savent que je n'ai qu'une minute ou deux, ils ne s'attendent pas à ce que je leur donne beaucoup de détails au téléphone. Ils me permettent d'aller droit au but, de fixer un rendez-vous, et de raccrocher rapidement. De plus, j'organise un grand nombre de rencontres pendant que je suis dans ma voiture lorsque je rentre du Capitole. Et encore une fois, lorsque j'appelle des gens de mon portable, ils ne s'attendent pas à une longue conversation.

« Lorsqu'une personne dit qu'elle n'a pas le temps de faire quelque chose, elle énonce une priorité, et non un fait. »

Où se trouvent les « bulles de temps libre » dans votre vie quotidienne ? À quel moment surviennent-elles ? Quelle est leur durée ? Quelles parcelles de votre journée remplissez-vous en tenant de menus propos ou en vous adonnant à des activités insignifiantes alors que vous pourriez les utiliser pour établir votre entreprise ? Que faites-vous, qui est momentanément agréable, mais en fin de compte improductif ? Pourriez-vous utiliser ce temps pour développer votre entreprise, atteindre vos buts et changer votre vie ? La vie quotidienne de chacun d'entre nous est ponctuée de « bulles de temps libre ». Dans le monde du marketing de réseau, c'est l'utilisation du temps qui distingue les gagnants et les éternels rêveurs. La phrase suivante est pleine de vérité : *lorsqu'une personne dit qu'elle n'a pas le temps de faire quelque chose, elle énonce une priorité, et non un fait.*

Dans le monde du marketing de réseau, un cheval de somme est meilleur qu'un cheval de course

Les représentants font couramment deux erreurs. Ils pensent devoir être des chevaux de course rapides comme l'éclair de manière à ce que « les choses aillent rondement ». Ou ils pensent qu'ils se doivent se trouver un cheval de course qui deviendra la nouvelle superstar de leur entreprise. Je ne désire plus être un cheval de course, et je ne veux pas me mettre à la recherche de chevaux rapides comme l'éclair. J'en ai trop vu. Ils peuvent sembler fabuleux dans leur stalle, à la porte de départ ou en train de courir une certaine distance. Mais ils n'ont pas suffisamment d'endurance pour effectuer autre chose qu'un sprint. Il ne s'agit pas d'être un cheval de course pour réussir dans le marketing de réseau. Il faut plutôt être un cheval de somme.

Le cheval de somme n'impressionne pas par sa vitesse ni son apparence. Mais il étonne avec sa force tranquille, sa patience et son endurance. Comme le lapin de la marque de commerce Energizer, il avance, avance et avance. C'est exactement ce qu'il faut faire pour ériger une entreprise. Et une entreprise de marketing de réseau ne fait pas exception à la règle. Elle exige des efforts constants, une attention soutenue. Lorsque vous écouterez parler des gens qui gagnent de gros montants grâce au marketing de réseau, vous remarquerez que ce n'est pas parce qu'ils sont des chevaux de course tape-à-l'œil.

En effet, ce sont des chevaux de somme, des individus qui osent rêver et qui entreprennent ensuite de concrétiser leurs rêves de façon systématique : un instant, un appel téléphonique, un rendez-vous et une rencontre à la fois. Ils organisent une bulle de temps libre après une autre bulle de temps libre. Et ce n'est pas leur état d'esprit, leur motivation, le temps qu'il fait ni l'horaire télé qui déterminent leurs actions. Ils se fixent des buts et s'appliquent ensuite à les atteindre. Ils font un petit bout de chemin chaque jour. Leur attention est soutenue. Leurs efforts sont constants. Aujourd'hui, on les respecte comme on respecte les héros. Et ils en sont. Ils ont mis en pratique un concept qui est facile à comprendre et difficile à appliquer : l'effort soutenu.

PRINCIPE Nº 2 : LA DUPLICATION

La duplication. Ce principe m'a échappé tout au long de la première année pendant laquelle j'ai évolué dans l'univers du marketing de réseau. Je n'y étais pas réfractaire. Je le comprenais en tant que concept général, comme on comprend le principe de la division cellulaire. Et comme bien d'autres, je citais le premier milliardaire américain, J. Paul Getty, qui a dit : « Je préfère obtenir 1 % de l'effort des autres plutôt que 100 % de mes propres efforts. » Mais la vérité fondamentale se cachant derrière ce principe ne m'est apparue que lorsque j'ai commencé à me sentir frustré et las devant la lenteur de la croissance de mon entreprise. L'idée m'est alors venue que j'étais la cause de cet immobilisme. Littéralement. Je ne savais pas comment amorcer la duplication dans mon équipe. Tant que je ne l'apprendrais pas, je demeurerais coincé et mon entreprise ne générerait que quelques milliers de dollars par mois. Et je savais que c'était là de la menue monnaie comparativement aux sommes qu'il était possible d'aller chercher.

J'ai commencé à étudier les gens qui formaient de grandes équipes. Un dénominateur commun les caractérisait : la duplication. Ils utilisaient tous une méthode simple et systématique pour constituer leurs équipes. Et le génie de leur succès reposait dans la simplicité de cette méthode, car la simplicité est aisément reproductible.

***« Érigez votre entreprise
en mettant à profit
les bulles de temps libre
de votre vie quotidienne. »***

Il est impérieux de comprendre le pouvoir mathématique de la duplication. Ce n'est pas un concept qui fonctionne uniquement en théorie et qui est inapplicable dans la réalité pratique. Au contraire, la duplication est beaucoup plus atteignable que la majorité des gens ne le croient. Mais elle n'est possible que si l'on sait COMMENT la mettre en œuvre d'abord et l'entretenir ensuite.

Supposons que vous en êtes au premier mois d'existence de votre entreprise de marketing de réseau. Qu'arrivera-t-il si vous, en tant que représentant, parrainez un autre représentant pendant cette même période ? Le mois suivant, chacun d'entre vous parrainera un autre représentant. Si vous répétez systématiquement ce simple processus pendant douze mois et que personne ne parraine plus d'un représentant par mois, que se passera-t-il ? Les chiffres parlent d'eux-mêmes.

Le pouvoir mathématique de la duplication simple	
Mois 1 : Vous + 1 = 2	Mois 7 : 64 + 64 = 128
Mois 2 : 2 + 2 = 4	Mois 8 : 128 + 128 = 256
Mois 3 : 4 + 4 = 8	Mois 9 : 256 + 256 = 512
Mois 4 : 8 + 8 = 16	Mois 10 : 512 + 512 = 1 024
Mois 5 : 16 + 16 = 32	Mois 11 : 1 024 + 1 024 = 2 048
Mois 6 : 32 + 32 = 64	Mois 12 : 2 048 + 2 048 = 4 096

Imaginez que vous ne parrainez qu'une seule personne par mois, que vous enseignez à cette personne à faire de même, et que votre entreprise compte plus de 4 000 personnes à la fin des 12 mois. Généralement, les gens ont deux réactions lorsqu'ils voient ces chiffres. La première est l'étonnement; ils restent ébahis devant le pouvoir de la croissance exponentielle qu'ils constatent. Tout comme avec les intérêts composés, la valeur de votre argent n'est plus la même à la fin qu'au début. La deuxième réaction est le doute; les gens n'arrivent pas à croire que cela pourrait se produire dans leur propre entreprise. Donc, comme le font de nombreuses personnes avec les intérêts composés, ils choisissent d'ignorer l'aspect pratique de ce concept et sa capacité à changer des vies.

Ceux qui respectent le pouvoir de la croissance exponentielle comprennent qu'elle leur permettra de maximiser deux des plus importantes ressources dans la vie: le temps et l'argent. Ils commencent à entrevoir une façon de faire coïncider ce concept avec la réalité de leur propre croissance organisationnelle. Cette croissance exponentielle et ses impacts positifs sur la vie auront plus de chances de se manifester si les représentants comprennent qu'il existe une infrastructure invisible au sein des équipes de marketing de réseau qui réussissent.

Comment fonctionne réellement cette « chose » ?

Vous êtes-vous déjà demandé comment on devient prospère grâce au marketing de réseau? Vous demandez-vous comment cela fonctionne vraiment? À mes yeux, en tant que chercheur et analyste des systèmes de gestion, il est important de comprendre comment et pourquoi les choses fonctionnent. Voici un diagramme qui illustre ma conception de l'infrastructure invisible qui soude les grandes équipes de marketing de réseau. C'est cette infrastructure qui, avec le temps, génère la prospérité.

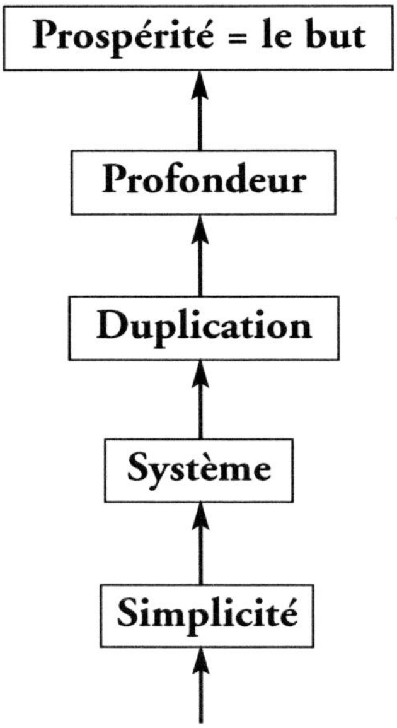

L'infrastructure invisible qui génère la prospérité dans l'univers du marketing de réseau

Voyons en quoi consistent la progression et la logique de cette infrastructure. Au départ, le marketing de réseau doit demeurer très simple. Dans sa forme la plus pure, il ne s'agit que de réunir des clients qui achètent nos produits ou services, et quelques représentants (ou recruteurs de clients). C'est l'essence même de ce que nous faisons. Il arrive parfois que des gens expérimentés oublient que cela n'est pas aussi « simple » qu'il y paraît. C'est le système qui nous permet d'offrir orientation et soutien aux nouveaux participants. Un système ou un « chemin tracé d'avance », leur permet de reproduire avec d'autres le modèle que nous avons été pour eux. Avec le temps, il en résulte un grand nombre de personnes qui obtiennent chacune de leur côté quelques nouveaux clients et « recruteurs de clients ». C'est cela qui donne de la profondeur à notre organisation. Et une profondeur constante mène à la prospérité. Maintenant, examinons brièvement chaque élément de cette infrastructure.

SIMPLICITÉ

La simplicité. C'est la pierre angulaire sur laquelle tout le reste est construit. C'est le point de départ. Cela résume ce que répètent souvent de nombreux dirigeants dans l'industrie : « Dans votre entreprise, misez sur la simplicité, la modestie et le plaisir ». Il y a du génie dans leur conseil.

Embarrassé par la simplicité

Mais de nombreux nouveaux venus dans l'univers du marketing de réseau, surtout les professionnels, ignorent carrément ce principe. Le génie de la simplicité nous échappe. À nos yeux, ce qui est simple nous paraît... eh bien... trop simple. Cela n'est pas assez sophistiqué. Cela manque de classe. Ce n'est pas professionnel. Cela manque de poli, de raffinement. Donc, nous nous engageons en nous disant discrètement que nous allons peaufiner cette chose appelée marketing de réseau de manière à ne pas nous sentir trop embarrassé. Nous nous promettons d'élever notre entreprise de marketing de réseau à un niveau supérieur. Nous voulons faire en sorte qu'elle réponde à nos critères professionnels plutôt que de nous abaisser à la simplicité de l'homme de la rue.

Donc, avec suffisamment de flair pour y voir une occasion d'affaires, nous nous engageons. Et avec une forte dose d'arrogance professionnelle (ce qui est en fait un euphémisme pour parler d'ignorance professionnelle), nous condescendons à nous affilier au marketing de réseau. Mais secrètement, nous sommes impatients de lui donner de l'élégance, de le lustrer et de le rendre plus impressionnant. Ce faisant, nous faisons rapidement deux choses : nous démontrons notre ignorance, et nous tuons dans l'œuf toutes nos chances d'atteindre la prospérité. *La prospérité n'est possible que si nous maintenons les choses d'une simplicité telle qu'elles sont totalement reproductibles.* Ceux qui s'en tiennent à la simplicité connaîtront la prospérité. Les autres s'épuiseront et abandonneront.

SYSTÈME

Dans le monde du marketing de réseau, un système est un moyen d'enseigner aux autres une façon simple et méthodique de faire grandir une entreprise. C'est leur montrer un chemin tracé d'avance. C'est leur donner une carte routière. Le système oriente les participants de manière à ce qu'ils sachent quoi faire et ensuite comment le faire. Il les aide à canaliser efficacement leur énergie et leur motivation sur deux tâches essentielles que nous effectuons dans le marketing de réseau : recruter quelques représentants et leur enseigner à reproduire systématiquement encore et encore le même processus.

Les gens doivent être à l'écoute du système

Joel Goins est l'un des meilleurs formateurs dans le monde du marketing de réseau. Il surpasse tous ceux que je connais en matière d'intuition et d'instinct lorsqu'il s'agit de comprendre les gens et l'industrie. À bien des égards, il est mon mentor. Il répète sans cesse : *« Les gens doivent être à l'écoute du système. »* La première fois que je l'ai entendu formuler cet énoncé, je n'ai pas émis d'objection. J'ai acquiescé, comprenant vaguement ce qu'il voulait dire, et j'ai poursuivi ma route. C'est à peine si je me suis rendu compte qu'il essayait de me révéler l'un des aspects les plus fondamentaux de l'industrie. Je ne me doutais absolument pas que des fortunes étaient littéralement gagnées ou perdues ici.

J'ai finalement compris que, sans système pour les guider, de nombreuses personnes évoluant dans le monde du marketing de réseau sont comme de puissantes locomotives sans rails sur lesquels avancer. Elles s'enlisent et ne vont nulle part. Elles sont au début animées d'une formidable motivation et d'une grande vision, mais comme elles ne s'appuient pas sur une méthode systématique pour constituer une équipe et générer des revenus, elles se découragent et voient bientôt leur énergie, leur enthousiasme et leurs espoirs se dissiper. Ces gens supposent souvent que quelque chose en eux les empêche de réussir. En réalité, la seule chose qu'il leur manque est une méthode systématique qui leur permettrait d'assurer la croissance de leur entreprise.

DUPLICATION ET PROFONDEUR

La profondeur est générée lorsque les participants recrutent de nouveaux représentants et aident ensuite ces représentants à en recruter d'autres qui feront ensuite de même. Plus ce processus de duplication est répété avec succès, plus il génère de profondeur et, en retour, de prospérité. D'un point de vue générationnel ou généalogique, lorsque quelqu'un parraine un nouveau représentant, il devient comme un parent qui vient de donner naissance à un enfant: la nouvelle génération. Lorsque cet enfant a des enfants à son tour, le premier parent a dès lors des petits-enfants. La profondeur apparaît lorsque les représentants (les parents) commencent à voir leur progéniture leur donner des enfants et des petits-enfants, etc. Il n'y a pas de profondeur tant que notre progéniture ne commence pas à se « multiplier comme des lapins ». Voici à quoi cela ressemble:

Vous (le parent)

Le représentant que vous parrainez personnellement (votre enfant)

Le représentant que parraine votre enfant (votre petit-enfant)

Le représentant que parraine votre petit-enfant (votre arrière-petit-enfant)

Il est toujours gratifiant d'apprendre qu'un représentant en parraine un autre. Mais le seul fait de recruter un nouveau représentant nous en dit peu. *Il est temps de se réjouir lorsqu'un représentant que vous avez recruté a ses propres petits-enfants.* Vous avez alors accompli quelque chose. Cette profondeur générationnelle est la manifestation de la vie et de l'énergie de votre organisation. C'est le signe que votre entreprise attire des gens, qu'ils sont bien formés et encadrés, et qu'ils se tournent vers le monde et répètent le même processus. C'est ce qui génère la prospérité.

D'un point à l'autre

Le fait de se concentrer sur une méthode simple et systématique pour constituer son équipe se traduit par la duplication et la profondeur. Et celles-ci génèrent la prospérité. Remarquez le paradoxe : L'individu qui se concentre uniquement sur la prospérité ne l'atteindra pas grâce au marketing de réseau. Mais celui qui se concentre sur la duplication, qui aide les autres à réussir et qui met en place un système qui favorise la réussite d'autrui, atteindra presque par inadvertance son but et deviendra prospère. Parfois, on touche la cible en visant dans la direction opposée.

PRINCIPE Nº 3 : LE TEMPS

Quand avez-vous pour la dernière fois essayé d'effectuer une simple réparation dans la maison ou sur votre voiture ? La tâche vous apparaissait simple et réalisable. Vous avez évalué combien de temps, d'énergie et d'argent la réparation nécessiterait. En fin de compte, nous découvrons souvent que ces « simples projets » sont plus imposants que nous ne l'avions prévu et que notre évaluation initiale était inexacte.

La création d'une grande entreprise de marketing de réseau est similaire. La tâche est plus colossale que nous l'imaginions. Heureusement, le retour sur notre investissement l'est également. Ce troisième principe nous rappelle de prendre notre temps. Établissez les fondements de l'entreprise, ayez une vision à long terme, demeurez sur votre trajectoire, et soyez patient.

Ce principe, comme le premier, l'effort soutenu n'est pas difficile à comprendre. Mais je n'ai jamais fait partie d'une industrie où les gens ont des attentes et une conception du temps aussi déformées que dans celle du marketing de réseau. Parfois, il n'y a pratiquement plus de réalisme. J'espère en injecter quelque peu tout au long de cet ouvrage. Le réalisme ne décourage pas les gens ; il les libère. Il leur permet de s'engager dans un voyage au long cours.

Sans une certaine dose de réalisme, les gens se lancent dans l'aventure avec de fausses attentes. Lorsque leur entreprise connaît une croissance plus lente que ce à quoi ils s'attendaient, ils concluent qu'elle n'est pas performante ou qu'elle n'est pas faite pour eux. La première conclusion est globale et porte sur l'industrie du marketing de réseau en tant que tout. La seconde est plus précise et les vise personnellement… ils décrètent qu'ils sont incapables de réussir dans un tel projet.

Dans un cas comme dans l'autre, ces conclusions erronées les poussent à renoncer à faire grandir leur entreprise. Il s'agit parfois d'une sortie formelle. Mais la plupart du temps, c'est plutôt une mort attribuable à la négligence. Ils ne font tout simplement rien pour alimenter et faire croître leur entreprise. Ils la laissent languir jusqu'à ce que vienne le temps de payer des dépenses d'entreprises normales. Ils décident alors de tirer le cordon.

Soyez patient

La suite de cet ouvrage vous aidera à comprendre pourquoi nous devons « faire preuve de patience ». Il faut du temps, beaucoup de temps, pour ériger une entreprise de marketing de réseau avec profondeur et duplication. Il faut du temps pour commencer en tant que représentant et ensuite accéder aux postes de leadership disponibles. Il faut du temps pour transformer un but de prospérité en la compréhension des moyens qui permettront de l'atteindre. Il faut du temps pour comprendre la courbe d'apprentissage invisible et les techniques requises pour évoluer dans cette industrie.

De plus, la courbe d'apprentissage n'est pas la même pour tous les individus qui se lancent dans le marketing de réseau. Cet apprentissage pourra porter sur le fonctionnement de l'industrie ; il pourra s'agir d'apprendre à se faire confiance en tant que leader ou aidant ; ou il consistera à prendre le temps de comprendre l'envergure de cette industrie et d'y voir une invitation qui ne se présentera peut-être plus jamais. Quelle que soit la courbe d'apprentissage du représentant, il lui faudra davantage de temps que prévu pour la parcourir. Il est important de voir cette réalité en face et d'aller de l'avant.

Ce principe qui consiste à consacrer du temps à l'entreprise se traduit généralement par une durée déterminée. Habituellement, elle s'étale du moment où nous adhérons à l'organisation en tant que représentant à celui où notre entreprise génère d'importants revenus. Je suis d'accord avec cette évaluation.

Consacrez suffisamment de temps à votre entreprise chaque jour et chaque semaine

Examinons ce principe du temps sous un autre angle. *Si nous voulons que notre entreprise connaisse une croissance considérable avec le temps, nous devons lui consacrer suffisamment de temps chaque jour et chaque semaine.* Si nous ne le faisons pas, il est peu probable que notre entreprise grandisse, peu importe le nombre de mois ou d'années pendant lesquels nous avons été représentant.

Lorsque j'interagis avec quelqu'un dans le monde du marketing de réseau, ce n'est pas à son ancienneté que je m'intéresse, mais plutôt au nombre d'heures que cette personne a consacrées à son entreprise. Devenir représentant ne signifie rien. Travailler afin de faire grandir l'entreprise signifie tout.

Mesurer le temps à la manière des pilotes

Dans l'industrie du marketing de réseau où tout le monde est représentant indépendant, il serait intéressant de mesurer le temps comme le font les pilotes. Lorsqu'ils veulent vérifier pendant combien de temps quelqu'un a été pilote et à quel point il a pris son rôle au sérieux, ils ne lui demandent pas: «Combien d'heures de vol avez-vous à votre actif?» ou «Depuis combien de temps volez-vous?» Ils ne se soucient pas du moment où quelqu'un s'est intéressé à ce métier, du nombre de cours et de séminaires qu'il a suivis, de sa connaissance de la physique de l'atmosphère, ou de l'attention qu'il a prêté à la lecture de ses manuels de vol. Et ils ne s'intéressent pas particulièrement non plus au moment où le pilote s'est inscrit à son premier cours de vol. Les pilotes ne veulent savoir qu'une chose: «Combien d'heures de vol avez-vous inscrites dans votre journal de bord?» Ils veulent uniquement savoir combien d'heures vous avez passées dans le cockpit à titre de pilote. La réponse est éloquente. Il y a une grande différence entre l'individu qui a volé 15 heures et celui qui a 15 000 heures de vol à son actif!

Dans le monde du marketing de réseau, une seule chose équivaut à des heures de vol, et c'est la présentation de votre entreprise à quelqu'un d'autre. Point final. C'est tout. C'est une industrie où priment le contact personnel, la rencontre en tête-à-tête. Et si nous n'effectuons pas la présentation de notre entreprise devant les autres, nous n'inscrivons pas d'heures de vol dans notre journal de bord. Nous pouvons imaginer que nous sommes des pilotes, nous pouvons lire le magazine mensuel des pilotes, nous pouvons regarder des vidéos, assister à des séminaires et à des réunions mensuelles. Mais rien de tout cela ne peut être traduit en heures de vol. En réalité, ces activités ne mènent nulle part. Il ne s'agit que de gestes illusoires.

C'est peut-être pour cette raison que Rosetta Little, l'une des personnes qui a le mieux réussi dans l'industrie du marketing de réseau, et qui fait à mes yeux figure d'héroïne, dit: *« C'est celui ou celle qui effectue le plus grand nombre de présentations de son entreprise qui gagne. »* Elle sait que rien d'autre ne permettra de constituer une grande équipe.

Des attentes réalistes et de fausses pressions

Si nous apprenions à penser comme des pilotes sous l'angle d'« heures de vol », cela apporterait beaucoup plus de réalisme aux attentes qu'ont certains représentants. Cela réduirait également beaucoup la fausse pression que ressentent certains d'entre eux.

Pensez aux milliers de gens qui évoluent dans l'industrie du marketing de réseau et qui ne peuvent consacrer que trois ou quatre heures par semaine à la croissance de leur entreprise. Ils ont tout simplement d'autres priorités dans leur vie. Ils se comparent souvent à d'autres qui se sont engagés à consacrer à peu près le même nombre d'heures, mais qui peuvent en faire beaucoup plus chaque semaine. Cette comparaison est injuste et ne peut que créer un sentiment de défaite chez les représentants qui développent leur entreprise à temps partiel, même s'ils font du très bon travail. Il est beaucoup plus réaliste d'évaluer le taux de croissance d'une entreprise en fonction du nombre d'heures qu'on y consacre. Le représentant échappe donc au fléau des fausses comparaisons.

« Il ne s'agit pas d'être un cheval de course pour réussir dans le marketing de réseau. Il faut plutôt être un cheval de somme. »

D'un autre côté, il y a des gens qui nourrissent de folles attentes lorsqu'ils s'engagent dans le marketing de réseau. Ils croient que, pour faire fortune, il leur suffit de remplir un formulaire, de travailler un peu, et puis d'attendre. Ce sont des individus qui auraient avantage à oublier qu'ils ont signé un engagement avec une entreprise. Ces représentants auraient avantage à se poser une seule question : « Combien d'heures de vol ai-je inscrites dans mon journal de bord ? » Un grand nombre d'entre eux seraient étonnés de constater qu'ils n'ont que quelques heures étalées sur une longue période de temps ! Et pourtant, ils se demandent encore pourquoi leur entreprise « ne décolle pas ». *Si vous n'augmentez pas régulièrement votre temps de vol, ne vous étonnez pas que votre entreprise n'atteigne pas sa vitesse de décollage. L'un ne va pas sans l'autre.*

Une liste de contrôle réaliste

Ces trois principes qui régissent le marketing de réseau (effort soutenu, duplication et investissement de temps) vous permettent de vous poser des questions qui vous serviront de liste de contrôle pour une confrontation avec la réalité. Faites-vous preuve de suffisamment de persévérance ? Ou vos efforts sont-ils sporadiques et le fruit de l'improvisation ? Y a-t-il un phénomène de duplication dans votre entreprise ? Savez-vous ce qu'est la « duplication » dans l'industrie du marketing de réseau ? Comprenez-vous pourquoi elle est d'une importance capitale ? Savez-vous comment mettre en place et entretenir la duplication ?

Et enfin, avez-vous des attentes financières réalistes ? Avez-vous beaucoup d'heures de vol à votre actif ? Combien ? Qu'est-ce qui vous empêche d'en inscrire davantage ? Est-ce le manque de temps et de compétences, la peur, l'immobilisme, ou autre chose ? Si vous croyez que cette occasion est réelle, qu'est-ce qui vous empêche d'en profiter du mieux que vous le pouvez ?

En attendant que le brouillard se dissipe de manière à ce que vous puissiez « voir » ce que vous faites dans votre entreprise, il y d'autres éléments sur lesquels vous pouvez vous concentrer. Ils feront en sorte que vous ne déviez pas de votre trajectoire, même si vous avez l'impression de voler à l'aveuglette. Le premier consiste à reconnaître que le succès n'est pas le fruit du hasard.

Chapitre 2

LE SUCCÈS N'EST PAS LE FRUIT DU HASARD

Je ne sais pas quand ou comment cela s'est produit, mais quelque part en cours de route, cela est devenu une habitude. Maintenant, je le fais inconsciemment chaque fois que je quitte la maison. Je passe mentalement en revue une brève liste de contrôle pour m'assurer que je n'oublie rien. Habituellement, je m'arrête un instant et je me demande: *« Voyons, ai-je mon porte-monnaie, mes clés de voiture, de l'argent, mon agenda… ?»* Vous faites sans doute quelque chose de similaire.

Cela m'étonne que des millions de gens quittent la maison en pensant à toutes ces petites choses qui leur permettront de traverser la journée, mais qu'ils oublient le plus important, c'est-à-dire ce qui donnera un sens à cette journée: leurs rêves.

Les rêves vous permettent d'imaginer des réalités futures. Ils enrichissent votre vie, non pas en vous donnant de faux espoirs, mais plutôt des attentes réalistes qui se traduiront en énergie, passion et inspiration. Les gens qui vivent avec la capacité d'envisager un avenir fondé sur la réalité, rempli d'espoir, et qui l'attendent impatiemment, sont les plus riches de tous. Les gens qui travaillent dans l'industrie du marketing de réseau ont des rêves, et c'est l'un des grands privilèges qui découlent de leur fréquentation. Pour un grand nombre de ces individus, chaque jour est une nouvelle occasion de concrétiser leurs rêves.

Pourquoi les rêves deviennent-ils une réalité pour certains, alors que pour d'autres ils se trouvent relégués aux oubliettes avec tous ces vieux désirs qui ne se sont jamais matérialisés ? Pourquoi le marketing de réseau devient-il tout ce que certains ont espéré, alors qu'il n'aboutit à rien pour d'autres ? Les réponses à ces questions se trouvent dans les croyances, les attitudes, les intuitions et les compétences de chaque individu. La suite de cet ouvrage traitera de ces facteurs. De plus, il existe des éléments pratiques qui influent profondément sur la réussite d'une personne dans le monde du marketing de réseau. On les appelle modestement « les quatre ingrédients du succès ». Ils sont d'une importance vitale, et je suis reconnaissant à mon cher ami, Joel Goins, de me les avoir enseignés.

Je propose que vous fassiez de ces quatre ingrédients du succès la fondation sur laquelle vous érigerez votre entreprise. Mémorisez-les. Maîtrisez-les. Et ensuite, vivez-les et enseignez-les. Ils servent d'ancrages qui vous rattachent à la réalité, votre équipe et vous, quand les temps sont durs. Ils sont pratiquement infaillibles. En effet, lorsque les gens réussissent dans l'industrie du marketing de réseau, c'est qu'ils mettent ces ingrédients en application. De même, lorsque je constate que des gens se retirent de l'industrie, je sais qu'ils n'ont pas intégré ces ingrédients du succès à l'infrastructure de leur entreprise, et que, par conséquent, leurs rêves se sont étiolés.

LES QUATRE INGRÉDIENTS DU SUCCÈS

1. **DÉTERMINEZ CE QUE VOUS VOULEZ.**
2. **DÉCIDEZ DE CE QUE VOUS ÊTES PRÊT À REPORTER OU À LAISSER TOMBER POUR OBTENIR CE QUE VOUS VOULEZ.**
3. **ASSOCIEZ-VOUS AVEC DES GENS QUI POURRONT VOUS AIDER À OBTENIR CE QUE VOUS VOULEZ.**
4. **AYEZ UN PLAN EFFICACE ET METTEZ-LE EN APPLICATION.**

Ne vous laissez pas duper par le fait que ces éléments ne paraissent pas très excitants. Cependant, ce sont eux qui alimenteront votre enthousiasme par rapport à la croissance de votre entreprise. Dans ce chapitre, nous nous pencherons sur les deux premiers ingrédients du succès.

INGRÉDIENT N° 1 : DÉTERMINEZ CE QUE VOUS VOULEZ

Dan O'Brien nous parle d'une journée où il assistait à une réunion en compagnie d'autres espoirs olympiques quelques années avant la tenue des Jeux. Un ancien médaillé du décathlon s'est adressé aux athlètes et leur a demandé combien d'entre eux nourrissaient des buts précis relativement à leur rêve olympique. Tous ont levé la main. L'orateur leur a alors demandé s'ils avaient mis ces buts par écrit. Presque tous les athlètes ont de nouveau levé la main. Il a ensuite posé une dernière question : combien d'entre eux avaient ce document sur eux ? Personne n'a levé la main. Pas un seul athlète n'avait apporté ses buts. À partir de ce jour-là, Dan O'Brien ne s'en est plus séparé. Et il a gagné la médaille d'or au décathlon.

Déterminez avec une grande précision ce que vous voulez retirer de votre entreprise avant d'y investir quoi que ce soit. Pourquoi est-ce d'une telle importance ? Parce que les buts modèlent l'orientation, l'énergie et la passion. Ils renforcent la volonté. Ils donnent un objectif à la vie, et ils deviennent un compas qui nous indique la direction à prendre lorsque nous nous perdons dans le brouillard. Les buts nous permettent de demeurer sur la bonne trajectoire lorsque la tâche à accomplir nous semble trop imposante, trop difficile ou trop longue. Lorsque nos rêves et nos objectifs sont clairs et nets dans notre esprit, il est beaucoup plus facile de déterminer comment modeler notre vie dans l'instant présent.

Dans tout projet de vie important, il y a des moments où nous nous sentons submergés par la fatigue, la frustration et le doute. Nous sommes alors extrêmement conscients de ce que nous faisons, nous savons à quel point c'est exigeant et combien tout serait plus facile si nous laissions tout tomber. Tant d'inconfort pourrait être éliminé par un simple abandon. Et lorsque nous sommes tentés de choisir la route la plus facile, nous nous posons la question suivante : *« Pourquoi est-ce que je fais cela ? »* C'est une bonne question.

Mais lorsque nous nous la posons, il vaut mieux que nous ayons une réponse rapide, convaincante et non ambiguë à lui apporter.

C'est pourquoi la raison pour laquelle nous nous lançons dans cette entreprise est plus importante que la façon dont nous le faisons. Le pourquoi est ce qui nous permet d'aller de l'avant pendant que nous apprenons le comment. Demandez à n'importe quel entrepreneur ce qui continue à le motiver lorsque son entreprise ne connaît pas une croissance aussi rapide que ce qu'il avait imaginé. Une seule chose alimente sa motivation: la clarté de ses rêves. Il ne perd pas de vue la récompense promise. Il a une vision à long terme. Il ne laisse pas les circonstances effacer ses rêves d'avenir.

Ou, comme nous le rappelle Paul Orberson (qui gagne plus d'un million de dollars par mois dans cette industrie): « Ne permettez pas aux moustiques écrasés sur le pare-brise de vous cacher l'horizon. » C'est la conviction nette et évidente qu'il existe un avenir meilleur qui permet aux gens d'aller de l'avant même lorsque l'instant présent n'est pas des plus agréables. Ils ont déterminé ce qu'ils voulaient. Et ils sont déterminés à l'obtenir. Déterminer ce que l'on veut et pourquoi on le veut génère ce que Bear Bryant appelle la « ténacité du bouledogue » ou une personne au courage obstiné. Deux choses découlent de la clarté du rêve: la perspective et la persévérance.

Le marketing de réseau: le véhicule utilitaire par excellence

Quelle est la dernière fois où vous êtes sorti uniquement pour vous asseoir dans votre voiture? Vous n'aviez nulle part où aller, mais vous avez décidé de passer plusieurs heures dans votre voiture immobilisée. Je suppose que cela fait un certain temps que cela ne vous est pas arrivé. (À moins que l'une des raisons pour lesquelles vous avez créé une entreprise était d'acheter la voiture de vos rêves, et que vous l'ayez fait) ! Pourquoi ne faisons-nous pas cela ? Parce que nous utilisons notre voiture pour aller d'un endroit à un autre. Si nous n'avons nulle part où aller, ou si nous voulons demeurer là où nous sommes, alors il est inutile de nous asseoir dans notre voiture.

La même chose est vraie dans l'industrie du marketing de réseau. En termes pratiques, ce n'est rien de plus qu'un véhicule nous permettant de nous déplacer du point « A » au point « B ». Cela ressemble à ceci :

Point « A »	**Marketing de réseau**	**Point « B »**
Où sont les gens	➞	**Où les gens veulent *se trouver***

Une entreprise de marketing de réseau est un vecteur de changement

Les gens choisissent d'évoluer dans le monde du marketing de réseau lorsqu'ils se rendent compte qu'il s'agit d'un extraordinaire moyen de transport qui saura leur ouvrir de nouveaux horizons. Lorsqu'ils ont une idée très claire de leur situation dans la vie, de la raison pour laquelle ils veulent y apporter des changements, et de leurs aspirations, alors ils voient l'avantage que représente le marketing de réseau. Ce dernier a désormais une valeur pour eux. Mais tant qu'ils ne considèrent pas le marketing de réseau comme un véhicule qui génère le mouvement, ils ne voient pas l'utilité de s'engager à faire quelque chose.

Lorsque je parle de cette industrie, je dis toujours aux gens : « Si vous ne nourrissez pas un rêve, et si vous n'avez pas un réel désir de changer votre vie, alors ne vous donnez pas la peine de vous investir dans le marketing de réseau. C'est une industrie qui s'adresse uniquement aux gens qui ont la chance d'avoir encore des rêves. »

Alors pourquoi vous êtes-vous engagé dans le marketing de réseau ? Ou pourquoi songez-vous à le faire ? Que voulez-vous en retirer ? Qu'est-ce qui justifie ce dur labeur ? Je vous propose de prendre dès maintenant le temps de réfléchir aux raisons qui vous ont poussé à adhérer à cette industrie. Rendez vos buts aussi précis, palpables et réels que possible. Mettez-les par écrit, et puis faites plusieurs copies de ce document.

Gardez-en un exemplaire sur vous en tout temps. Ainsi, vous aurez une réponse sous la main chaque fois que vous vous poserez cette question : *« Pourquoi est-ce que je fais ceci ? »* Le deuxième exemplaire est destiné à la personne qui vous a invité à vous joindre à l'industrie. Lorsque vous serez tenté de l'envoyer promener et de ne pas tenir compte de ses conseils relatifs à la façon de demeurer engagé envers la croissance de votre entreprise, elle pourra sortir cette liste et vous rappeler gentiment que c'est pour des raisons très importantes, réelles et personnelles, que vous vous êtes lancé dans le marketing de réseau. Si ces raisons étaient assez fortes pour motiver votre décision, elles devraient l'être également pour vous aider à aller de l'avant.

En dernier lieu, donnez-en un exemplaire aux personnes qui vous sont les plus chères. Habituellement, les gens ne s'engagent pas dans le marketing de réseau pour des raisons égoïstes. Ils le font pour ceux qu'ils aiment : leur conjoint, leurs enfants, leurs frères et sœurs, leurs parents, etc. Lorsque surgit la douleur relationnelle associée à l'expansion de l'entreprise, il peut être utile de se souvenir les uns les autres des rêves partagés et d'un désir commun de modifier l'avenir grâce au dur labeur accompli aujourd'hui.

INGRÉDIENT N° 2 : DÉCIDEZ DE CE QUE VOUS ÊTES PRÊT À REPORTER OU À LAISSER TOMBER POUR OBTENIR CE QUE VOUS VOULEZ

Vous est-il déjà arrivé de voir un chien de ferme qui pourchasse toutes les voitures qui passent ? Il attend au bord de la route, repère la voiture qui approche et s'élance à sa rencontre. Puis il court à ses côtés aussi vite qu'il le peut en aboyant si furieusement que le conducteur a tendance à accélérer quelque peu et à prier secrètement que son véhicule ne tombe pas en panne. Ne vous êtes-vous jamais demandé ce que ferait le chien s'il rattrapait la voiture ? Que se passerait-il s'il parvenait à planter ses crocs dans le pare-chocs ? À mon avis, même s'il a passé sa vie à pourchasser des voitures, le chien ne saurait absolument pas quoi faire s'il en rattrapait une !

« Déterminez avec une grande précision ce que vous voulez retirer de votre entreprise avant d'y investir quoi que ce soit. »

Certains individus qui évoluent dans l'univers du marketing de réseau ressemblent parfois à ces chiens de ferme. Ils ont passé leur vie à attendre quelque chose qui pourrait littéralement changer leur avenir financier. Ils aimeraient être leur propre patron, organiser leur emploi du temps, être rémunérés à leur juste valeur, ériger leur propre entreprise, ne pas obéir à des ordres, et avoir enfin l'occasion de tester leurs limites et de mesurer leur véritable potentiel. Si seulement l'occasion se présentait… Si seulement ils trouvaient le véhicule de liberté dans lequel ils pourraient planter leurs crocs… Mais devinez quoi… dans l'univers du marketing de réseau, le chien rattrape la voiture.

Lorsque le chien rattrape la voiture

Et maintenant que ces individus ont rejoint la voiture, qu'ils ont trouvé le véhicule qui les conduira à la liberté personnelle et financière, ils doivent décider de ce qu'ils vont en faire. Il est temps de cesser de courir et de commencer à agir. De cesser d'espérer et de commencer à travailler. De cesser de se trouver des excuses et de commencer à modeler la réalité. C'est une énorme transition mentale que de passer d'une vie où l'on obéit au doigt et à l'œil à son patron, à une étape où l'on apprend à vivre selon ses propres valeurs, ses rêves et ses désirs profonds.

En fait, un grand nombre de gens ont littéralement passé leur vie à se faire dire quoi faire, et comment le faire. La pensée de vivre en fonction d'une motivation intérieure, d'un choix personnel, et non selon des ordres reçus d'une source extérieure, les désoriente. Un grand nombre d'entre eux sont dépassés par la beauté de cette liberté. Certains réalisent qu'il leur manque la force d'âme et la motivation nécessaires à la gestion de cette liberté. Ils ne savent pas comment vivre sans quelqu'un qui est leur patron. Ils obéissent aveuglément à quelqu'un qui leur dit quoi faire (motivation extérieure), mais ils ignorent comment se motiver eux-mêmes suffisamment pour «sortir de l'enclos» (motivation intérieure) et prendre en main leur avenir, leur situation financière et leur vie.

Donc, le deuxième ingrédient du succès révèle si quelqu'un a ce qu'il faut pour évoluer dans l'univers du marketing de réseau. Il en dit long sur la force de ses rêves, son désir de changement, la profondeur de son caractère, la vigueur de sa volonté, et le degré avec lequel il comprend comment son engagement dans cette industrie pourrait changer sa vie. De plus, il révèle la capacité de concentration du représentant et sa volonté à payer le prix qu'il faut pour réussir. (Nous discuterons plus loin de la façon dont la volonté de reporter ou de laisser tomber certaines choses de manière à atteindre un but qui nous est cher révèle encore davantage les croyances profondes du représentant à propos du monde et de la place qu'il y occupe).

Comment ce deuxième ingrédient peut-il nous en apprendre autant aussi rapidement? Parce que c'est le Rubicon[1] qui doit être franchi, vous devez prendre une décision audacieuse et irrévocable. Si un représentant n'est pas

---

1. N. du T.: Rivière séparant l'Italie de la Gaule Cisalpine. César le franchit avec son armée dans la nuit du 11 au 12 janvier 49 avant Jésus-Christ, sans l'autorisation du sénat, ce qui déclencha la guerre civile. C'est pourquoi l'on dit que de franchir le Rubicon, c'est prendre une décision audacieuse et irrévocable.

prêt à payer le prix qu'il faut pour réussir, à s'autodiscipliner de manière à transformer ses rêves en réalité, et à travailler pour gagner, alors c'est qu'il n'a pas ce qu'il faut pour modeler son avenir. Le deuxième ingrédient du succès ne s'applique pas uniquement au marketing de réseau, mais aussi à la vie en général.

Une première leçon pour les nouveaux représentants

Un grand nombre d'entre nous qui sommes devenus représentants et qui sommes capables de voir les possibilités immenses qu'offre le marketing de réseau éprouve un véritable enthousiasme par rapport à ce que cela signifie pour notre avenir. Et nous le voyons si clairement que nous éprouvons également de l'enthousiasme quant à ce qu'il peut signifier pour les autres et leur propre avenir… s'ils s'engagent.

C'est avec amour et un authentique enthousiasme que nous les encourageons et les exhortons à s'engager avec nous. Nous voulons que cela fonctionne pour eux. Mais cela prépare en même temps le terrain à l'une des leçons les plus difficiles que la majorité d'entre nous doit assimiler à propos du marketing de réseau : *On ne peut souhaiter cet engagement pour les autres davantage qu'ils ne le souhaitent eux-mêmes.* Les autres ne peuvent copier notre vision. Ils n'iront de l'avant et ne persévéreront que s'ils ont leurs propres rêves et un désir suffisamment ardent de faire ce qu'il faut pour les concrétiser.

Vous leur avez fait l'honneur de les inviter à s'associer avec vous pour ériger une entreprise pouvant générer chaque mois des revenus plus élevés que ce qu'ils pourraient espérer toucher en un an. Mais tant qu'ils seront incapables de l'imaginer, de l'apprécier et de le vouloir, vous perdrez votre temps. Ils seront comme un poids mort que vous devrez traîner derrière vous dans l'industrie. Laissez-les tranquilles. Poursuivez votre route. Allez travailler avec quelqu'un d'autre. Lorsqu'ils seront motivés à assumer la responsabilité de leur propre vie, alors vous pourrez les aider, les servir, les encourager, et leur enseigner tout ce que vous voudrez.

« La raison pour laquelle nous nous lançons dans cette entreprise est plus importante que la façon dont nous le faisons. »

Le prix d'entrée par opposition au prix du succès

D'innombrables personnes manifesteront de l'intérêt pour ce qui peut changer toute une vie, comme le marketing de réseau. Ils seront intrigués, curieux, et tentés de dire « oui » lorsque vous leur offrirez de les aider à obtenir ce qu'ils veulent dans la vie. Mais à la dernière minute, il se peut qu'ils refusent de s'engager activement. Qu'est-ce qui les empêche alors d'entrer dans le cercle des gagnants ? Ce n'est pas le prix d'entrée ; c'est le prix du succès. Ils adorent l'idée d'ériger une entreprise, d'être indépendants et prospères, d'avoir de l'argent à dépenser, etc. Mais même s'ils se plaisent à y penser, ils sont rebutés par l'effort requis pour y arriver.

En effet, l'idée de rater leurs émissions de télévision préférées, une soirée avec des amis, la saison de chasse, ou tout autre événement social, leur est intolérable. Ils s'accrochent alors à leur routine et aux petits événements de leur vie et abandonnent leurs rêves avec désinvolture. Cela arrive si subtilement qu'ils ne se rendent jamais compte de ce qu'ils ont fait. Par exemple, des millions de gens planifient littéralement leurs fins de semaine en fonction de certaines émissions. Cette planification leur donne l'illusion d'avoir une vie structurée et orientée vers un but. Il ne leur vient jamais à l'esprit que les acteurs qu'ils suivent au petit écran en fait vivent leurs rêves. Mais ce spectacle a un prix et c'est l'abandon de leurs propres rêves!

Ces mêmes individus auront quelques regrets lorsqu'ils constateront à quel point le marketing de réseau a changé votre vie et non la leur. Mais ils les mettront rapidement en veilleuse et concluront que vous avez tout simplement eu de la chance. Ils ne réaliseront pas que votre entreprise a porté ses fruits parce que vous les avez cultivés. Vous avez déterminé ce que vous vouliez, et puis vous avez décidé de ce que vous étiez prêt à reporter ou à laisser tomber pour obtenir ce que vous vouliez.

Ces deux premiers ingrédients du succès (déterminez ce que vous voulez, et décidez de ce que vous êtes prêt à reporter ou à laisser tomber pour obtenir ce que vous voulez) sont extrêmement importants. Les rêves donnent naissance à l'espoir. Les buts donnent une orientation à notre vie. Et cette orientation fournit le combustible qui nous permet de passer à l'action. Pourquoi vous êtes-vous engagé dans l'industrie du marketing de réseau? Que voulez-vous en retirer? En quoi voulez-vous que cela change votre vie? Et qu'êtes-vous prêt à faire pour concrétiser vos rêves?

C'est parfois entre nos mains que se trouvent les réponses à nos prières.

Chapitre 3

INSPIRÉ PAR LES AUTRES

Dans l'industrie du marketing de réseau, les participants sont des représentants indépendants du point de vue commercial et juridique. Ils sont libres d'ériger leur entreprise comme bon leur semble tant et aussi longtemps qu'ils respectent les normes et les politiques de l'organisation. Mais « indépendant » ne veut pas dire « seul ». Votre entreprise de marketing de réseau connaîtra une croissance plus importante et plus rapide si vous faites partie d'une équipe et si vous comprenez la valeur de cette association. C'est ce qui rend si important le troisième ingrédient du succès.

INGRÉDIENT Nº 3 : ASSOCIEZ-VOUS AVEC DES GENS QUI POURRONT VOUS AIDER À OBTENIR CE QUE VOUS VOULEZ

Le roi Salomon a écrit : « À fréquenter les sages, on gagne en sagesse, mais la compagnie des sots amène le malheur. » Que voulait-il dire ? Il comprenait que les autres exercent une influence sur notre vie. Pour le meilleur ou pour le pire, ils « déteignent sur nous ». Nous devenons comme ceux avec qui nous nous associons. C'est pourquoi nous conseillons à nos enfants de bien choisir leurs amis. Nous comprenons déjà ce principe de vie. Et nous devons comprendre le rôle capital qu'il joue dans notre réussite dans l'industrie du marketing de réseau. Peu importe notre engagement individuel envers le succès, nous ne pouvons évoluer en solitaire dans cette industrie.

De toute évidence, nous ne pouvons générer un important revenu net résiduel sans les autres. Nous ne pouvons être promus à des postes de leadership plus lucratifs sans les autres. Nous ne pouvons constituer une équipe colossale, nationale ou internationale, connaissant une croissance continue, sans les autres. Du début à la fin, c'est une industrie où le travail d'équipe est roi. C'est une industrie de personnes. Ensemble, nous rêvons, bâtissons et gagnons.

Pourquoi l'association avec autrui est-elle un élément aussi important du succès ? Grâce au pouvoir de l'association, nous demeurons concentrés sur notre objectif, remplis d'énergie et d'enthousiasme. Les croyances des autres influent sur nos propres croyances. Leur courage, leur optimisme et leur ténacité déteignent sur nous. L'association avec les autres peut nous inspirer et porter notre vision et notre détermination personnelles à un palier supérieur.

Positivement infecté par les autres

Vous êtes-vous déjà trouvé en compagnie de gens ayant une attitude optimiste, positive et déterminée ? Une telle attitude est comme un virus qui se propage dans l'air. Elle est extrêmement contagieuse. On ne peut fréquenter de telles personnes sans « attraper » quelque chose. Leur « maladie infectieuse » est caractérisée par des symptômes de joie, d'espoir, de sagesse, de force et d'une solide morale du travail. Ces individus laissent leur marque sur les autres partout où ils vont. Sauf qu'ici, leur impact sur la vie d'autrui est positif. Il est inutile d'espérer que notre système immunitaire sera assez fort pour résister à ce à quoi ils nous exposent.

Des infections néfastes

D'un autre côté, le système immunitaire de nos croyances et de nos attitudes est chaque jour exposé à de fortes doses de doute, d'incrédulité et de cynisme à propos de la vie en général et des occasions en particulier. Lorsque de nouveaux représentants se lancent dans le marketing de réseau, ils commencent à interagir avec les autres en ce qui a trait à leur vie, leurs rêves, leurs buts et leurs besoins. Les nouveaux représentants tenteront alors de faire comprendre aux autres comment le marketing de réseau leur procurera ce qu'ils veulent dans la vie.

« Deux choses découlent
de la clarté du rêve :
la perspective et la persévérance. »

Plusieurs choses étonneront rapidement les nouveaux représentants. Premièrement, ils seront surpris par le nombre impressionnant de gens qui ont abdiqué et qui n'espèrent plus que leurs rêves se réalisent. Deuxièmement, les nouveaux représentants seront surpris par les idées fausses que les autres se font du marketing de réseau. Souvent, ce sont des perceptions qui avaient déjà cours il y a 30 ans. Lorsque je rencontre quelqu'un qui pense ainsi, je lui demande s'il a un téléphone à cadran et une ligne partagée au lieu d'une ligne privée. Lorsque cet individu répond « non », je l'informe que sa connaissance du marketing de réseau remonte à 30 ans. Tout comme nos appareils téléphoniques modernes, le marketing de réseau n'est plus ce qu'il était. Il est beaucoup plus sophistiqué et il est devenu un moyen utile et indispensable pour brasser des affaires.

Souvent, un représentant enthousiaste ne cessera de rencontrer des gens qui ne nourrissent pas de rêves, qui ont une vision dépassée du marketing de réseau, et qui n'ont aucune idée de ce que l'association avec une entreprise de marketing de réseau de grande qualité pourrait leur apporter dans la vie. Le représentant peut alors se sentir découragé. C'est normal et compréhensible. La surfréquentation de ces individus négatifs peut aisément se transformer en infection. C'est à ce moment-là que le pouvoir de l'association prend toute son importance.

« Maman m'avait prévenu qu'il y aurait des jours comme ça »

L'association avec des gens qui savent où ils vont et qui sont très motivés vous aidera à tenir le coup lorsque votre volonté flanchera, que votre vision faiblira, que votre esprit et votre cœur seront las. Tout le monde, peu importe la force de son leadership et sa motivation intérieure, vivra de tels moments. Vous rappelez-vous la chanson intitulée « Maman m'avait prévenu qu'il y aurait des jours comme ça » ? Lorsqu'on érige une entreprise, incluant une entreprise de marketing de réseau, il y a des moments où :

- nous nous interrogeons sur notre santé mentale en attendant que le projet décolle ;
- les autres s'interrogent sur notre santé mentale en nous voyant user de patience et travailler très dur ;
- nous doutons de notre endurance et de nos compétences devant la tâche à accomplir ;
- nous doutons de parvenir à percer le « secret » qui mène à la richesse dans le marketing de réseau ;
- nous doutons de ceux qui affirment que le secret consiste à ne pas compliquer les choses et à ne pas abandonner ;
- l'épuisement fauche notre enthousiasme ;
- la peur nous exhorte à fuir l'inconfort même si cela pouvait nous coûter notre avenir ;
- Des gens négatifs viennent miner notre confiance envers l'entreprise, le système de rémunération ou nous-même ;
- des représentants ou des participants éventuels qui ne se présentent pas aux réunions nous donnent envie d'en faire autant.

Il y aura des moments où l'indifférence des autres pourra faire naître l'indifférence en vous. Il y aura des moments où la réticence des autres à l'idée même de considérer leur engagement dans votre entreprise vous poussera à reconsidérer votre propre participation. Leur cynisme vous rendra prudent. Et il y aura des moments où ceux qui n'ont pas de rêves, de passion, de détermination à modifier leur mode de vie, qui ne sont pas animés par la flamme des affaires, vous paraîtront sages et décontractés à cause de leur choix.

L'antidote à ces expériences et à ces émotions normales est l'association. La fréquentation de gens qui ont les idées claires, qui sont très motivés et remplis de vitalité peut rapidement inspirer et revitaliser n'importe qui. L'association positive est comme une transfusion sanguine. Elle est purificatrice et vivifiante. Mais, contrairement à la transfusion sanguine, l'association dans l'industrie du marketing de réseau est une source de plaisir.

L'association est la raison pour laquelle les gens qui songent sérieusement à faire grandir leur entreprise parcourront volontiers de longues distances pour recevoir l'enseignement des leaders de leur organisation. C'est pour cette raison qu'ils trouvent le temps d'assister aux conférences régionales et aux congrès annuels organisés par l'industrie. C'est pour cette raison qu'ils planifient leur emploi du temps afin d'apprendre auprès de ceux qui les ont précédés. Ils sont impatients de voir déteindre sur eux la vision, les habiletés et la motivation d'individus qui ont réussi dans l'industrie. Instinctivement, ils saisissent l'importance de l'association. Ils savent qu'« à fréquenter les sages (hommes et femmes), on gagne en sagesse ».

Quels gestes pratiques peuvent donc faire les représentants pour « ne pas dévier de leur trajectoire » grâce au pouvoir de l'association? Dans notre ère, depuis que le monde est devenu un village, rien n'est plus facile. Peu importe leur lieu de résidence, il y a de multiples moyens pour les représentants de demeurer en communication, concentrés et engagés. En examinant la liste suivante, demandez-vous lesquels de ces moyens votre équipe et vous utilisez déjà, et lesquels devraient être mieux exploités:

- réunion de groupe hebdomadaire;
- rencontre hebdomadaire à domicile;
- livres
- cassettes audio;
- vidéos;
- téléphone;
- vidéo-conférence;
- télécopie;
- messagerie vocale;
- courrier électronique;
- conférences;
- téléconférence.

Trop occupé pour vous associer?

Avant de m'engager dans le marketing de réseau, je trouvais impensable de consacrer ne serait-ce qu'une soirée par semaine à quoi que ce soit. Mes soirées étaient sacrées. Je ne pouvais même pas imaginer à quoi j'aurais pu les sacrifier. Mais j'ai vite remarqué que je ne considérais pas le temps consacré à mon entreprise comme une corvée qui me rebutait. Par exemple, je me suis aperçu que j'attendais nos rencontres hebdomadaires avec impatience. Elles ne portaient pas atteinte à ma vie; au contraire, elles l'enrichissaient.

Qu'est-ce qui avait donc causé un tel revirement dans ma façon de penser? Je me suis rendu compte que plusieurs choses arrivaient simultanément lorsque je me trouvais en compagnie de gens qui évoluaient dans l'univers du marketing de réseau. J'appréciais être entouré des gens les plus positifs et avant-gardistes qu'il m'avait été donné de rencontrer depuis des années. Plus ils prenaient leur entreprise au sérieux, plus ils faisaient preuve d'enthousiasme devant l'orientation qu'ils avaient donnée à leur vie.

J'apprenais de nouvelles choses à propos de l'industrie, de mon entreprise, et des tenants et aboutissants du marketing de réseau. Je me faisais de nouveaux amis et je faisais la connaissance de nouvelles personnes, et tous ces gens m'impressionnaient. Ils étaient différents ; leur confiance en eux était grande, leur optimisme incontestable, leur cordialité contagieuse, et leur prévenance inégalable. Le dur labeur ne leur faisait pas peur ; la vie les passionnait et ils étaient prêts à tout faire pour concrétiser leurs rêves.

Une association avec des gens de ce calibre est bénéfique pour l'âme. Cela nous aide à accomplir une chose très importante : nous concentrer sur un but. Cela nous encourage à ne pas dévier de notre trajectoire. Il arrive parfois que nous ayons besoin des autres pour nous aider à atteindre nos objectifs. Nous avons besoin des autres pour demeurer bien alertes, car dans la routine du monde des affaires, on peut aisément perdre le cap.

Accompagnateurs professionnels : trouvez-en un dans votre organisation

Avez-vous remarqué combien sont devenus populaires les moniteurs de conditionnement physique personnels ? Les gens n'ont pas besoin d'entraîneurs personnels parce qu'ils veulent en apprendre davantage sur la physiologie de l'exercice ; ils en ont besoin pour faire des séances intensives, demeurer concentrés, ignorer la douleur, travailler plus dur qu'ils ne l'ont jamais fait, et aller au-delà de leurs limites. Les gens en ont besoin pour les aider à faire ce qu'ils n'accompliraient pas de leur propre chef.

Le même phénomène se produit dans le monde des affaires. Les gens engagent des individus tels que moi comme accompagnateurs professionnels et moniteurs en affaires. Pourquoi ont-ils besoin de nous ? Ce n'est pas parce que nous leur enseignons une gamme infinie de concepts uniques et inédits. Non ! Habituellement, nous leur disons ce qu'ils savent déjà, nous leur rappelons ce qu'ils veulent déjà faire, et puis nous les aidons à structurer leurs buts et leurs valeurs. Après un certain temps (généralement deux ou trois ans), les gens constatent une amélioration de leur rendement et voient leurs revenus doubler ou tripler. Tout en travaillant à atteindre leurs buts, ces hommes et ces femmes d'affaires ont plus d'équilibre et de temps libre que jamais auparavant. Au lieu de travailler davantage et d'en souffrir, ils travaillent moins et apprécient beaucoup plus ce qu'ils font.

Comment et pourquoi cela se produit-il ? Parce que les accompagnateurs professionnels aident les individus à ne pas dévier de leur trajectoire. Nous les aidons à surmonter un grand défaut de la nature humaine : le désir de ne faire que ce qui semble le plus facile sur le moment. Nous savons tous ce qu'est choisir la voie de la facilité… à notre détriment.

« L'association avec les autres peut nous inspirer et porter notre vision et notre détermination personnelles à un palier supérieur. »

Dans le monde du marketing de réseau, il y a des dizaines de milliers d'hommes et de femmes qui sont attentionnés et dignes de confiance, des gens visionnaires qui ont appris à dire « oui » à leurs rêves et « non » aux distractions. Ils ont la capacité de voir l'avenir avec tant de clarté que cela leur procure joie et force dans le présent. Ces individus sont nos pairs et nos collègues, et ils peuvent faire office d'accompagnateurs professionnels. Ils peuvent raviver notre vision, nos rêves et notre désir de faire grandir notre entreprise, même lorsque cela n'est ni commode ni facile. Leur entrain nous aide à persévérer. Leur ténacité nous inspire. Leur refus d'abandonner nous encourage à demeurer dans la mêlée. Tout comme dans l'armée, ces gens peuvent nous aider à maximiser notre potentiel.

Avant de nous pencher sur le dernier ingrédient du succès, permettez-moi de vous demander de vous arrêter un instant et de réfléchir avec moi. Dans le domaine du soutien psychologique, le clinicien astucieux apprend à prêter attention aux émotions qui remplissent la pièce. Il n'écoute pas seulement le discours de son patient. Il est à l'écoute de son humeur, de ses sentiments et de l'atmosphère ambiante. (Il peut s'agir de peur, d'anxiété, de colère, de rancune, de tristesse, de tension, de joie, de paix, de bonheur ou d'excitation).

Avez-vous déjà remarqué que, en entrant dans une pièce, certaines personnes irradient la joie, alors que d'autres l'effacent ? Certaines personnes invitent le rire, alors que d'autres le font disparaître. Certaines personnes vous donnent envie de rester, alors que d'autres vous incitent à partir. Voici ma question : avec quelle émotion remplissez-vous une pièce ? Quelle influence exercez-vous sur l'atmosphère du lieu où vous vous trouvez, ou sur l'humeur des autres ? Il vaut la peine de méditer sur ces questions, car votre attitude sera la même dans le monde des affaires. Et les gens sentiront intuitivement avec quelle émotion vous occupez une pièce. Assurez-vous que l'enthousiasme et la joie que vous éprouvez à l'idée de faire grandir votre entreprise se reflètent dans votre attitude.

INGRÉDIENT N° 4 : AYEZ UN PLAN EFFICACE ET METTEZ-le EN APPLICATION

Vous en entendrez parler de plus en plus. Cela deviendra bientôt le sujet du jour. Tout comme avec nos campagnes électorales, nous nous lasserons de ce discours récurrent. À quoi fais-je allusion ? Ce sujet brûlant d'actualité sera : « Qu'avez-vous fait la veille du jour de l'An de l'an 2000 ? » Les gens ont passé un temps fou à planifier, à faire des prédictions, et à parler de la façon dont ils prévoyaient faire leur entrée dans le nouveau millénaire. Ils ont dépensé de l'argent qu'ils n'avaient pas afin de faire la fête pendant une soirée qui leur a semblé aussi courte qu'une nanoseconde. Mais ils ont eu le sentiment d'inaugurer en grande pompe la nouvelle année, la nouvelle décennie, le nouveau siècle et le nouveau millénaire.

Au bout du compte, un grand nombre d'entre eux ont réalisé qu'ils ont passé des années à planifier une unique soirée. Ils auraient mieux fait de passer une soirée à planifier les quelques années à venir. Je me souciais peu de cette soirée du Nouvel An. Mais je me préoccupais de la qualité de ma vie en l'an 2000. Ceux qui comprennent ce quatrième ingrédient du succès étaient merveilleusement préparés tant pour cette soirée que pour l'ère qu'elle annonçait, une ère où il ferait bon vivre. Comment faire en sorte qu'il en soit vraiment ainsi ? C'est plus simple que nous ne le croyons.

Revoyons quel est ce quatrième ingrédient du succès : « Ayez un plan efficace et mettez-le en application ». Deux brefs énoncés. Bien compris, ils ont le pouvoir de changer un nombre considérable de vies. C'est parce que la réalisation, le rendement, l'accomplissement de buts importants et le succès ne sont pas hors de portée, comme on le suppose normalement.

Développez un plan efficace

Mon intention n'est pas de vous dire quel plan utiliser pour assurer la croissance de votre entreprise. Je respecte vos décisions et celles de votre équipe à cet égard. Il existe diverses façons, toutes aussi efficaces les unes que les autres, de constituer une grande équipe et de faire fortune dans l'industrie du marketing de réseau. La question à poser ici n'est pas : « Quel plan utilisez-vous », mais plutôt : « Avez-vous un plan ? »

Il n'y a pas pénurie de plans dans le monde des affaires. Ils abondent : anciens, nouveaux, révisés, rehaussés, haute technologie, technologie rudimentaire, élaborés, succincts, etc. Dans certains cas, ils sont utiles ; dans d'autres, ils sont dommageables ; à l'occasion, ils sont absurdes, et souvent, ils sont tout sauf ignorés. Dans le monde des affaires, d'innombrables dollars et heures de travail sont engagés dans l'éternelle recherche d'un plan efficace. Le but, bien entendu, est une rentabilité accrue. Mais les dirigeants d'entreprises comprennent qu'ils doivent avant tout guider et prolonger l'élan des membres de leur équipe. Ils visent une amélioration du rendement.

Pourquoi un but aussi simple demeure-t-il aussi insaisissable? Parce qu'il dépend entièrement de l'une des dimensions les plus fascinantes du comportement humain: la motivation. Nous explorerons la dynamique de la motivation d'un point de vue psychologique plus loin dans cet ouvrage. Pour le moment, permettez-moi de laisser le clinicien de côté et d'écrire en tant qu'homme d'affaires, en toute simplicité et honnêteté. Permettez-moi de vous exposer avec réalisme ce qu'il faut pour réussir dans l'industrie du marketing de réseau. De prime abord, c'est ridiculement simple.

Présentez les choses telles qu'elles sont

Kenny Troutt est connu comme l'un des meilleurs dirigeants d'entreprise d'Amérique. Non seulement dans l'arène du marketing de réseau, mais aussi dans le monde des affaires en général. Lorsqu'il s'adresse à des groupes, il mentionne souvent trois qualités qu'un individu, à son avis, doit posséder pour réussir dans l'univers du marketing de réseau. Il dit:

1. ***Vous devez avoir un grand rêve.***
2. ***Vous devez être prêt à travailler dur.***
3. ***Vous devez être prêt à aller jusqu'au bout.***

J'apprécie sa candeur. Il a tout à fait raison. C'est la troisième qualité qui rend le succès inévitable pour certains et inaccessible pour d'autres. Mais qu'est-ce que cela signifie au juste et comment doit-on s'y prendre ?

1. Ayez un rêve.
2. Subdivisez ce rêve en ses éléments constitutifs ou en phases.
3. Fixez-vous des objectifs qui correspondent à ces éléments ou phases.
4. Développez un plan (à long terme, intermédiaire et à court terme) afin d'atteindre chacun de ces objectifs.
5. Organisez votre emploi du temps en fonction de ce plan.
6. Conformez-vous-y.

Si vous sentez que votre regard s'allume soudain, c'est bien. Cela n'est pas compliqué. Vous le faites déjà inconsciemment. Comme nous le rappelle Stephen Covey, cette progression se résume simplement à « commencer en ayant l'objectif final en tête » et à penser ensuite à rebours. Ce n'est rien de plus que de déterminer où vous voulez aller, comment vous y arriverez, et ensuite à AGIR.

« Dans l'industrie du marketing de réseau,
le succès n'est pas une question de talent.
Il repose plutôt sur la ténacité
et le travail assidu. »

Ce processus est si automatique que vous l'avez déjà appliqué maintes fois dans votre vie. Vous l'utilisez pour accomplir de petites tâches et pour atteindre des buts importants. Il se peut même que vous le fassiez inconsciemment. Avez-vous déjà donné un grand dîner qui a laissé votre cuisine dans un désordre indescriptible ? Après le départ de vos invités, vous avez regardé autour de vous et avez pensé : « *Quelle pagaille !* »

Qu'avez-vous fait ensuite ? Vous avez commencé par visualiser l'objectif final. Vous vous êtes fixé un but : une cuisine propre. (J'arrive difficilement à qualifier de rêve le rangement d'une cuisine… et nous ne nous attarderons pas sur le sujet. Mais le processus est le même). Vous avez d'abord eu recours à un plan quelconque pour décortiquer votre objectif en ses éléments constitutifs ou phases. Peut-être avez-vous d'abord tout rapporté dans la cuisine pour ensuite ranger les restes de nourriture. Et puis, vous avez mis aux ordures tous les articles jetables. À partir de là, vous avez peut-être empilé les assiettes, réuni les couverts, rassemblé les verres, rincé le tout avant de les mettre dans le lave-vaisselle. Vous aviez déjà compris quelles étaient toutes les étapes nécessaires à l'atteinte de votre but.

De même, vous rappelez-vous l'époque où vous fréquentiez le collège ou l'université ? Quel était votre rêve (votre but) ? C'était d'abord et avant tout l'obtention de votre diplôme afin de passer à une autre étape de votre vie, un autre but. Vous avez commencé en ayant l'objectif final en tête. En entrant, vous planifiez déjà votre sortie. Comment l'avez-vous fait ? Vous avez probablement consulté des orienteurs qui vous ont aidé à franchir ces six étapes. Ils ont respecté votre but et ils vous ont ensuite aidé à l'atteindre, une année, un trimestre, un cours, un examen à la fois. Au bout du compte, vous avez atteint votre but, étape par étape.

L'échelle du succès

Toute bonne entreprise de marketing de réseau est dotée d'une « échelle du succès » clairement définie. Elle est représentée par un diagramme ou une description narrative qui permettent aux participants de comprendre où ils se situent lorsqu'ils adhèrent à l'entreprise et ce qu'ils doivent faire pour gravir les échelons, et accroître leur leadership et leurs revenus. Une entreprise appelle actuellement sa hiérarchie de leadership et de revenus progressifs l'« échelle du succès ». C'est une appellation superbe.

Le mot « échelle » est une excellente métaphore pour illustrer la croissance dans les affaires comme dans la vie. Imaginez que vous allez rendre visite à des amis dans un bureau situé au troisième étage. Après avoir monté l'escalier, vous trouvez le bureau et puis vous frappez à la porte. Qu'arriverait-il si vos amis, en vous voyant, se mettaient à vous admirer, à applaudir et à chanter vos louanges parce que vous avez atteint le troisième étage ?

Qu'arriverait-il s'ils en rajoutaient, vous serraient la main, vous tapaient dans le dos, et vous félicitaient comme si vous veniez tout juste de gagner un marathon ? Vous commenceriez à penser que ces gens ne s'intéressent pas qu'au travail. Pourquoi ? Parce que monter une série de marches n'est pas une réalisation hors du commun. Cela n'a rien d'extraordinaire. Vous l'avez fait sans même y penser. Mais vous AVEZ fait quelque chose d'étonnant. Vous venez de réaliser une ascension de plus de 12 mètres au-dessus du niveau du sol. Cela vous a paru sans importance parce que vous n'avez gravi qu'une marche à la fois, et sans même vous en rendre compte, vous êtes arrivé à destination. C'est précisément la façon dont il faut s'y prendre pour réussir en affaires et assurer la croissance d'une entreprise : étape par étape.

Donc, si vous êtes de ceux qui n'aiment pas caresser de grands rêves, voir trop loin, ou élaborer des plans détaillés pour gérer votre avenir, il n'y a pas de problème. Contentez-vous de déterminer à quelle étape se situe le développement de votre entreprise, et puis faites le nécessaire pour passer à la prochaine étape. Il n'y a rien de mal à continuer à se fixer de petits buts et à progresser lentement mais sûrement.

Les gens qui atteignent le sommet grâce à une planification et à des décisions systématiques semblent souvent penser être arrivés là où ils sont par pur hasard. Ils demeurent perplexes devant l'émerveillement des autres. À leur avis, ils n'ont rien accompli de spectaculaire. Ils n'ont fait que franchir une étape à la fois, sans jamais abandonner. C'est pourquoi le succès dans l'industrie du marketing de réseau (et dans pratiquement tous les volets de la vie) n'est pas une question de talent. Il repose plutôt sur la ténacité et le travail assidu.[2]

S'il est plus facile de réussir que ne le pense la majorité des gens, alors pourquoi si peu réussissent ? Qu'il s'agisse de

---

2. N. du T. : Si vous voulez voir une bonne comédie qui porte sur cette technique de l'« étape par étape », louez *Quoi de neuf, Bob ?* Vous y découvrirez Bob, interprété par l'inimitable Bill Murray, qui fait des « pas de bébé » pour finalement vaincre ses peurs.

se démarquer dans le monde du marketing de réseau ou dans toute autre industrie, pourquoi certaines personnes n'y arrivent-elles pas ? En plus de ne pas connaître et appliquer les trois principes du marketing de réseau et les quatre ingrédients du succès, il y a un autre principe important qui leur échappe. C'est l'art d'apprendre à vivre dans un nouveau fuseau horaire, le fuseau horaire de l'entrepreneuriat. Alors, jetez un coup d'œil à votre montre ; ajustez l'heure. Le chapitre suivant traite de ce nouveau type de temps.

Chapitre 4

VIVRE DANS LE FUSEAU HORAIRE DE L'ENTREPRENEURIAT

Vous avez peut-être entendu cette histoire au sujet des deux groupes de gens qui peuplent l'univers. Ils vivent sur deux planètes différentes. Le premier groupe vit sur une « planète normale ». L'autre planète est peuplée par les individus qui évoluent dans le monde du marketing de réseau.

La vaste majorité des habitants de l'univers vit sur la planète normale, où la coutume veut que presque tout le monde travaille pour quelqu'un d'autre. C'est une norme culturelle largement acceptée que de se faire dicter par son employeur les tâches à accomplir, assigner son lieu de travail et imposer son horaire. Curieusement, sur la planète normale, les gens ne travaillent pas parce qu'ils ont un rêve. Ils travaillent uniquement pour toucher un chèque de paie hebdomadaire ou bimensuel. De plus, ils permettent à leur employeur de déterminer la valeur financière de leur travail.

Bien que les habitants de cette planète aiment bien avoir un revenu supérieur, ils songent rarement à faire preuve de créativité pour y arriver. Ils ne connaissent rien d'autre, et tout autre mode de vie leur paraît anormal.

Pendant ce temps-là, sur l'autre planète de cet univers, se trouvent ces individus qui évoluent dans le monde du marketing de réseau. Sur cette planète, les gens sont motivés par des valeurs différentes. Ils refusent d'échanger indéfiniment le peu de temps dont ils disposent contre un salaire fixe. Ils sont habités par un désir de liberté. La liberté de poursuivre leurs propres rêves. La liberté d'exploiter tout leur potentiel. La liberté de jouir du temps. La liberté d'être rémunérés à leur juste valeur. La liberté que confère l'absence de contraintes financières.

Bien entendu, ces gens savent que les habitants de la planète normale les considèrent comme à moitié fous. Et ils ne comprennent pas que les habitants de la planète normale puissent renoncer de leur plein gré à des aspects aussi importants de leur vie. Ces deux groupes vivent dans deux mondes bien distincts.

Que dépeint donc cette histoire ? Elle expose deux visions totalement différentes du monde dans lequel nous vivons. L'une décrit un monde rempli de gens proactifs et audacieux, capables de voir les occasions qui se présentent et qui choisissent de prendre en main les rênes de leur avenir. L'autre décrit un monde peuplé d'individus craintifs qui préfèrent mener une vie prévisible et qui confient leurs rêves et les rênes de leur vie à d'autres. Bref, cette histoire illustre à merveille la vie de l'entrepreneur et celle du non-entrepreneur.

Deux types d'entrepreneurs : l'entrepreneur primaire ou macroentrepreneur et le microentrepreneur

Je classe les entrepreneurs en deux catégories : les entrepreneurs primaires ou macroentrepreneurs et les microentrepreneurs. Les gens comme Bill Gates et Kenny Troutt sont des entrepreneurs primaires. Ce sont des entrepreneurs dans le sens le plus pur du terme. Ils ont une macrovision du monde. En tant qu'entrepreneurs primaires, ils voient le monde comme l'astronaute contemple la Terre à travers le hublot de son astronef. À leurs yeux, le monde est petit, à portée de la main et modifiable ou gérable.

Les microentrepreneurs sont également des gens qui ont une vision exceptionnelle, bien qu'elle ne soit pas aussi large et précise que celle d'un entrepreneur primaire. Ils n'ont pas nécessairement une vision globale du monde, mais ils font néanmoins preuve de vivacité lorsqu'il s'agit de détecter des occasions d'affaires ou d'y voir un potentiel financier. Ils ont une âme d'entrepreneur. Ils sont habités par un mélange de courage et d'audace devant le risque, ainsi que d'un désir tranquille, mais tenace de faire de leur mieux.

La beauté du marketing de réseau, c'est qu'il procure aux microentrepreneurs un environnement dans lequel leur courage et leur vision peuvent être fusionnés à ceux des macroentrepreneurs. Lorsqu'ils choisissent une entreprise réputée, leur vision peut aisément se mêler au sillage que dessine derrière lui le macroentrepreneur chaque fois qu'il entreprend un nouveau projet.

Que l'on soit macro ou micro, que signifie être un entrepreneur ? Est-ce que les entrepreneurs voient, pensent et travaillent différemment ? Et quel lien cela a-t-il avec la réussite dans l'univers du marketing de réseau ?

La vie dans un nouveau fuseau horaire : l'entrepreneuriat par opposition à la bureaucratie

Avez-vous déjà assisté à plusieurs réunions au cours de la même journée, mais dans trois fuseaux horaires différents ? Votre horloge interne, votre montre-bracelet et l'horloge murale de la salle de réunion indiquaient l'heure dans trois fuseaux horaires différents. Il peut devenir assez difficile de s'y retrouver. La vie dans l'univers du marketing de réseau se déroule ainsi. Si nous ne sommes pas très attentifs, nous pouvons aisément perdre le fil et ne plus savoir où nous en sommes, dans quel fuseau horaire nous évoluions et comment y vivre.

Dan Sullivan est un excellent accompagnateur professionnel. Il vit à Toronto, au Canada. Il estime que le temps dans le monde des affaires peut être divisé en deux catégories : le fuseau horaire de l'entrepreneuriat et celui de la bureaucratie. Ces catégories se prêtent merveilleusement bien à une analogie avec le développement d'une entreprise de marketing de réseau. Lorsque les gens qui évoluent dans l'univers du marketing de réseau comprennent à quel point ces deux fuseaux horaires diffèrent l'un de l'autre et lorsqu'ils prêtent attention à celui dans lequel ils vivent ou pensent, alors les activités entourant le développement de leur entreprise leur paraissent beaucoup plus claires et amusantes.

La vie dans le fuseau horaire de la bureaucratie

Quelle différence y a-t-il entre le fuseau horaire de l'entrepreneuriat et le fuseau horaire de la bureaucratie ? Comme le précise Dan Sullivan, les gens qui vivent dans le fuseau horaire de la bureaucratie évoluent dans un monde beaucoup plus structuré et prévisible. Par exemple, ils savent généralement combien d'heures ils travailleront chaque jour et chaque semaine. Ils savent combien leur rapportera une heure de travail. Ils sont en mesure de dire à combien s'élèvera leur salaire hebdomadaire, mensuel et annuel.

De plus, ils savent combien de jours de congé de maladie et de vacances ils ont devant eux. Leur vie s'inscrit dans une routine et un rythme qu'ils connaissent bien. Par contre, les gens qui vivent dans le fuseau horaire de l'entrepreneuriat attachent peu d'importance à ces choses, comme le démontrera le reste de ce chapitre. Pour eux, leurs pensées et leurs buts ont beaucoup plus d'importance.

Lorsque les croyances bureaucratiques se heurtent au fuseau horaire de l'entrepreneuriat

Dans l'univers du marketing de réseau, d'innombrables individus lancent leur entreprise en voulant grossir les rangs de ceux qui vivent dans le fuseau horaire de l'entrepreneuriat. Mais il arrive parfois que, par inadvertance, ils se retrouvent dans le fuseau horaire de la bureaucratie. En cours de route, ils ont oublié dans quel fuseau horaire il leur fallait penser et vivre. Il est facile d'être désorienté lorsque cela arrive.

Par exemple, certaines personnes tentent d'appliquer dans le fuseau horaire de l'entrepreneuriat des attentes propres au fuseau horaire de la bureaucratie (ou « planète normale »). Cela ne fonctionne pas. Le croisement entre ces deux fuseaux horaires réussit rarement. Le concept que les gens tentent le plus fréquemment de transposer du fuseau horaire de la bureaucratie à celui de l'entrepreneuriat est celui du « revenu linéaire ».

« Les entrepreneurs sont capables de voir les choses plus rapidement, plus clairement et plus globalement que les autres. »

Ceux qui vivent dans le fuseau horaire de la bureaucratie ont l'habitude de voir une corrélation directe entre les heures qu'ils doivent travailler et leur rémunération. S'ils travaillent cinq heures, ils s'attendent à être payés pour ces cinq heures. S'ils travaillent un mois, ils s'attendent à toucher un salaire équivalent au nombre d'heures travaillées pendant ce mois. C'est la norme dans le fuseau horaire de la bureaucratie. C'est le mode de rémunération standard.

Mais lorsque ces attentes ou croyances sont transposées dans le fuseau horaire de l'entrepreneuriat, rien ne va plus. Ces individus commencent inconsciemment à penser : *« Cela fait trois mois que je travaille dans l'industrie du marketing de réseau et je n'ai pas encore vu un seul chèque qui corresponde à trois mois de salaire. Il y a quelque chose qui ne va pas! Il faut que quelqu'un me paie pour le travail que j'accomplis. »*

Leurs vieilles croyances les désorientent et les frustrent lorsqu'ils ne s'adaptent pas convenablement au fuseau horaire de l'entrepreneuriat. Mais certains représentants ont vécu avec ces croyances pendant si longtemps qu'ils ne remettent pas en question leurs possibilités d'application dans leur entreprise ou dans le fuseau horaire de l'entrepreneuriat. Ils se demandent plutôt si leur entreprise de marketing de réseau peut réellement leur apporter quelque chose. En fait, elle le peut, mais seulement lorsqu'ils auront appris et accepté une nouvelle façon de mesurer le temps et d'adapter leurs attentes.

Récemment, j'ai entendu un entrepreneur primaire parler à des représentants de son entreprise. En plaisantant, il a dit : « À quel autre endroit pourriez-vous donc travailler 1000 heures sans toucher de salaire ? Et puis, travailler 5 heures et toucher un salaire équivalant à 1000 heures de travail ? » Mais de quoi parle-t-il donc ? Il voit la vie à partir du fuseau horaire de l'entrepreneuriat. Il sait que, dans ce fuseau horaire, personne ne s'attend à voir de corrélation entre l'intensité ou la durée du travail et le salaire perçu ! Au départ, c'est travailler très dur en n'espérant pratiquement rien en retour. Et en fin de compte, c'est être payé pour beaucoup plus que ce que l'on a accompli. Telle est la vie dans le fuseau horaire de l'entrepreneuriat.

C'est pourquoi nous enseignons aux gens à adopter une approche à long terme lorsqu'il s'agit de la croissance de leur entreprise. Il faut prendre le temps de la développer. Il faut du temps pour lui apporter de la profondeur et pour créer une duplication continue. Il faut du temps pour constituer une équipe et générer d'importants revenus résiduels. Ceux qui arrivent à développer et à maintenir une mentalité propre au fuseau horaire de l'entrepreneuriat comprennent cette approche. Ceux qui s'obstinent à vivre comme ils le faisaient dans le fuseau horaire de la bureaucratie s'impatientent et se trouvent désorientés.

COMMENT PENSENT LES ENTREPRENEURS

Comment pensent les entrepreneurs? Prenons le cas d'un entrepreneur type que nous appellerons Joe. Si vous pouviez pénétrer dans son esprit, voir avec ses yeux et déambuler dans son corps pendant plusieurs jours, que découvririez-vous? Vous constateriez rapidement que la façon de penser et de travailler d'un entrepreneur est fort différente de celle de l'employé qui évolue dans le fuseau horaire de la bureaucratie. Vous seriez tout d'abord frappé par son extraordinaire vision.

Les entrepreneurs ont une vision égale à 2/2000

Examinez le tableau ci-dessous. C'est la grille qu'utilisent les ophtalmologistes et les optométristes pour mesurer la qualité de notre vision.

20/20	20/40	20/80	20/120	20/200
←——— Mesures de la vision ———→				

Le chiffre à la gauche de la barre oblique représente ce que vous pouvez voir clairement à une distance de 20 pieds (6 mètres). Le chiffre de droite représente une norme standardisée. Autrement dit, cela nous indique où les gens qui ont une bonne vue doivent se tenir pour voir le même objet avec la même précision que la personne qui subit l'examen en se tenant à une distance de 20 pieds.

Donc, si un individu ou une vision de 20/40, cela signifie qu'il peut voir à une distance de 20 pieds ce que les gens qui ont une bonne vue peuvent voir à une distance de 40 pieds (12 mètres). Si un individu a une vision de 20/120, il peut voir clairement à une distance de 20 pieds ce que les autres peuvent clairement voir à une distance de 120 pieds (36 mètres).

Quel lien y a-t-il avec la façon dont les entrepreneurs pensent et voient le monde ? Cela illustre la vision exceptionnelle qu'ils ont. Ils voient le potentiel d'une situation, les occasions, les tendances, les transitions, les marchés émergents, les besoins et l'avenir avec une telle acuité que les non-entrepreneurs ont le sentiment d'être myopes ou aveugles. C'est pour cette raison que les entrepreneurs sont capables de voir les choses plus rapidement, plus clairement et plus globalement que les autres. Étudiez le tableau ci-dessous.

2/20	2/60	2/100	2/200	2/2000
← Mesures de la vision de l'entrepreneur →				

Ici, le chiffre de gauche représente ce que l'individu moyen peut voir à une distance de deux pieds. Le chiffre de droite représente les divers degrés de vision de différents entrepreneurs. Par exemple, 2/20 signifie que l'individu moyen peut voir à une distance de deux pieds ce qu'un entrepreneur voit clairement à une distance de 20 pieds ; 2/100 indique que ce qui est visible à une distance de deux pieds pour l'individu moyen est parfaitement clair à une distance de 100 pieds pour un autre entrepreneur. Et 2/2000 fait référence à la vue perçante du faucon. Les entrepreneurs qui en sont dotés peuvent voir clairement à une distance de 2000 pieds ce que l'individu moyen voit à une distance de deux pieds.

Les entrepreneurs primaires ont une vision véritablement étonnante. Non seulement peuvent-ils voir des choses longtemps avant nous, ils peuvent aussi voir des choses qui nous échappent totalement. Même s'ils tentent de nous expliquer ce qu'ils discernent avec une telle précision, il arrive parfois que nous soyons incapables de voir quoi que ce soit. Comme nous n'arrivons même pas à imaginer ce dont ils parlent, comment pourrions-nous voir ce qu'ils voient avec tant de clarté ?

Présenter votre entreprise équivaut à procéder à un examen de la vue

J'ai choisi un étalon de deux pieds pour mesurer la vision entrepreneuriale, car lorsque le représentant présente son entreprise, la recrue éventuelle se trouve habituellement à une distance de deux pieds du matériel utilisé comme articles de présentation visuelle. Qu'ils en soient conscients ou non, les représentants font passer un examen de la vue aux gens à qui ils s'adressent. Ils vérifient si la recrue éventuelle a une vision entrepreneuriale.

Il vous est peut-être arrivé de présenter votre entreprise à quelqu'un qui vous a ensuite regardé en ayant l'air de dire : « Je n'ai absolument rien compris ! » Son expression faciale ne trompe pas. Il ne voit pas ce que vous lui exposez. Votre matériel se trouve devant ses yeux, mais tout lui échappe. La prochaine fois que cela vous arrivera, ne vous sentez pas visé personnellement. Contentez-vous de sourire et consolez-vous à l'idée d'avoir une bonne vision. Vous voyez des choses que les autres ne voient pas. Aussi, plus profondément un individu évolue dans le fuseau horaire de la bureaucratie, moins il manifestera d'enthousiasme envers ce que vous faites ou ce que vous lui offrez. Il ne comprendra pas. Soyez poli, poursuivez votre route, et mettez-vous à la recherche de quelqu'un qui est doté d'une meilleure vue.

Les entrepreneurs voient au-delà de l'horizon

Une autre façon d'être sensible à la vision des entrepreneurs consiste à reconnaître qu'ils sont capables d'imaginer l'avenir, qu'ils ont la capacité de « voir au-delà de l'horizon ». Lorsqu'on est assis avec quelqu'un dans une pièce, on s'attend généralement à voir la même chose que cette personne. Mais que ressentiriez-vous si votre vis-à-vis avait le même champ visuel que vous, mais qu'il voyait beaucoup plus de choses que vous ?

Vous seriez étonné s'il pouvait voir à travers la porte close, tout au bout du couloir et deux étages plus bas, et s'il vous annonçait que votre meilleur ami est en route pour vous voir, et que deux minutes plus tard cet ami entrait dans la pièce. C'est précisément ce que les entrepreneurs sont capables de faire. Ils peuvent prédire l'avenir de telle façon que les autres se sentent visuellement handicapés.

La prochaine fois que vous aurez l'occasion d'entendre parler des macroentrepreneurs, écoutez-les attentivement. Écoutez-les lorsqu'ils décrivent l'avenir de leur industrie, leur entreprise, et leurs produits ou services. Écoutez-les, mais sans vous attarder aux détails. Prêtez-leur attention en tant que personnes, en tant qu'entrepreneurs primaires. Ils tentent de vous ouvrir leur esprit de manière à ce que vous puissiez voir le monde à travers leurs yeux. Ils vous dépeignent une réalité imminente. Ils voient l'avenir et au-delà de l'horizon. Ils sont littéralement capables de visualiser ce qu'ils vous décrivent avec des mots.

Les habiletés de tous les entrepreneurs primaires suscitent mon admiration. Mais au fil des ans, j'ai passé suffisamment de temps avec des entrepreneurs pour les admirer encore plus pour une autre raison. Les véritables visionnaires et les entrepreneurs authentiques vivent dans la solitude pendant qu'ils attendent que les autres commencent à voir ou à saisir ce qu'ils voient depuis des années.

Oswald Sanders a écrit au sujet des leaders dotés d'une vision exceptionnelle: «Il n'y a personne de plus solitaire que l'homme qui est en avance sur son temps.» Les leaders visionnaires sont les premiers à voir les choses. Ils voient loin en avant. Et leur vision est plus claire et plus globale que celle des gens qui les entourent. Il y a parfois de quoi se sentir seul. Et c'est un exercice de haute voltige que de continuer à poursuivre allègrement sa vision tout en progressant assez lentement pour permettre aux autres de suivre.

À plus petite échelle, c'est l'expérience que connaissent de nombreux participants dans le monde du marketing de réseau. Ils ont une vision merveilleuse, et ils sont capables de détecter le potentiel d'une situation et d'une occasion d'affaires. Mais lorsqu'ils commencent à partager «ce qu'ils voient» avec autrui, ils se rendent rapidement compte que la majorité des gens ne voient pas la même chose qu'eux. Dans de telles circonstances, les représentants peuvent demeurer forts et être sensibles à leur vision remarquable ou être tentés de se laisser submerger par la solitude que leur confère cette vision, et se laisser aller au découragement.

Vous pouvez améliorer votre vision entrepreneuriale

Notre aptitude à penser et à voir le monde en tant qu'entrepreneur n'est pas coulée dans le béton. On peut la développer et l'améliorer. C'est pourquoi la fréquentation d'autres visionnaires est cruciale. Ils peuvent influer sur notre façon de penser et aiguiser notre vue. Par contraste, leurs opposants vous crèveront les yeux si vous leur en donnez l'occasion.

Paul Orberson, comme bien d'autres, est un excellent exemple de l'individu dont la vision entrepreneuriale s'est améliorée avec le temps. À quelle distance Paul Orberson pouvait-il voir lorsqu'il s'est associé à une entreprise de marketing de réseau ? Son objectif était de gagner suffisamment d'argent pour s'offrir une nouvelle fourgonnette ! Cela signifie que, dans le meilleur des cas, la vision à long terme de Paul ne dépassait pas une rémunération supérieure à 350 $ par mois. Depuis qu'il gagne plus d'un million de dollars par mois, je parie que sa vision s'est améliorée. Je crois qu'il est maintenant capable de voir des choses qu'il aurait auparavant été incapable d'imaginer.

« L'aspect le plus surprenant du succès, c'est son apparente simplicité. »

À quelle distance croyez-vous que la majorité des nouveaux représentants sont capables de voir ? Même quand tout va bien, un grand nombre d'entre eux ne voient pas plus loin que le recouvrement de leur investissement initial. C'est pour cette raison que, lorsque nous présentons notre entreprise, il est inutile d'insister sur l'importance de l'occasion qu'elle représente. Elle se situe tellement au-delà de ce qu'ils peuvent imaginer, voir ou comprendre que cela irait à l'encontre du but recherché d'en faire même mention. Contentez-vous de les écouter vous faire part de leurs rêves, de leurs désirs ou de leurs insatisfactions, et décrivez-leur comment votre entreprise pourrait être le véhicule qui leur permettrait de se réaliser pleinement.

Les entrepreneurs vivent en mode ressource

Vous connaissez sans doute l'expression suivante : « Tout est dans l'état d'esprit. » Elle renferme une certaine vérité.

Notre état d'esprit a une profonde influence sur notre perception de la vie et du monde. Penchons-nous sur deux catégories précises.

Un mode ressource et un mode problème. Les entrepreneurs qui réussissent apprennent à vivre en mode ressource.

MODE RESSOURCE	MODE PROBLÈME
• envisage l'avenir avec confiance	• envisage l'avenir avec angoisse
• voit les problèmes comme pouvant et devant être résolus	• voit les problèmes comme étant insurmontables
• croit que la vie est belle tout en sachant qu'elle peut parfois être difficile	• croit que la vie est difficile et que les bons moments sont une exception
• voit les défis comme pouvant être gérés et relevés	• voit les défis comme des obstacles insurmontables
• voit des occasions partout	• voit des problèmes partout
• jouit de la vie	• subit la vie
• espère profiter de la vie et en sortir gagnant	• espère survivre tout au plus
• se sent comme un protagoniste dans le jeu de la vie	• se sent comme une victime dans le jeu de la vie

LES ENTREPRENEURS CULTIVENT UNE ATTITUDE D'ATTENTE POSITIVE

Les gens qui vivent en mode ressource ou en mode excellence savent qu'ils exercent un certain contrôle sur leur environnement et leur avenir. Ils savent qu'ils jouent un rôle actif dans le jeu de la vie. Ils voient l'avenir avec tellement de clarté et de confiance qu'ils ne se sentent jamais dépassés par les événements.

Vous pouvez APPRENDRE à vivre en mode ressource

Il est possible d'observer les progrès que font les représentants pour demeurer en mode ressource. À mesure que se confirment leurs convictions envers le monde du marketing de réseau, tout comme leur confiance en leur entreprise et en son potentiel de rémunération, ils gagnent en équilibre et en assurance. Ils deviennent inébranlables. Alors que la situation dans son ensemble leur apparaît plus clairement, les problèmes normalement associés à la croissance d'une entreprise leur paraissent moins lourds. Ces représentants deviennent plus souples, endurcis et optimistes. Ils savent que leurs réussites futures ne dépendent pas de la réponse d'une personne ou d'une rencontre. Arriver à un tel degré de confiance en soi exige du temps. Mais c'est très libérateur. Les autres pourront parfois mal interpréter cette liberté et la qualifier de « désinvolture ».

Je peux paraître « désinvolte » aux yeux de certaines personnes. Si elles ne comprennent pas que j'ai confiance en moi et en mon entreprise de marketing de réseau, alors elles pourront confondre cette confiance avec de l'indifférence et de l'arrogance. J'ai l'habitude de raconter toujours la même histoire aux gens qui songent à se joindre à mon équipe, mais qui n'arrivent pas à prendre une décision. Ils hésitent entre oui, non et peut-être. Voici ce que je leur dis :

> Permettez-moi de vous raconter une histoire qui pourrait éliminer un peu de tension. Savez-vous que tous les soirs de semaine, à 18 h 30 et à 21 h 30, un avion quitte l'aéroport international de Dulles à destination de Londres ? Savez-vous ce qui m'intrigue à propos de ces vols ? C'est qu'ils se font avec ou sans nous. Cela importe peu que nous soyons à bord de ces avions, ils décollent quand même.
>
> Tout comme ces vols de la British Airways, l'industrie du marketing de réseau décollera et deviendra une industrie brassant des billions de dollars, avec ou sans nous. Cela importe peu que nous y participions, cela se fera quand même.
>
> Et mon entreprise décollera et deviendra une entreprise multimilliardaire, avec ou sans nous. Peu importe que nous en soyons membres, cela se fera quand même.
>
> Je tirerai parti de cette occasion, avec ou sans vous. J'ai acheté un billet pour ce vol. Ce que je veux savoir, c'est si vous voulez voler avec moi. Vous rendez-vous compte que mon entreprise est un véhicule qui vous permettrait de concrétiser vos rêves, et voulez-vous devenir membre de mon équipe ? J'adorerais travailler avec vous. Mais cette décision vous appartient. Votre avenir pourrait bien en dépendre. Mais elle n'influera pas sur le mien. Alors, que voulez-vous faire ?

En tant que lecteur, vous trouverez peut-être mes propos un peu rudes. Mais lorsque je parle ainsi aux gens, ils aiment ma candeur et cela les rassure. Ils sentent intuitivement que je suis en mode ressource et que leur réponse ne me fera pas basculer en mode problème. Cela leur permet d'être aussi honnêtes avec moi que je l'ai été avec eux. C'est libérateur pour tout le monde.

Les représentants qui vivent dans le fuseau horaire de l'entrepreneuriat sont des gens très spéciaux

Lorsque les représentants apprennent à vivre dans le fuseau horaire de l'entrepreneuriat, à améliorer leur vision et à vivre en mode ressource, ils deviennent beaucoup plus forts. Des circonstances qui font partie du quotidien dans le monde des affaires, comme lorsque quelqu'un leur fait faux bond à un rendez-vous ou qu'il ne se présente pas à une réunion, deviennent moins dérangeantes. Pourquoi ? Parce qu'ils voient l'avenir avec une telle clarté et une telle certitude que ces inconvénients n'ont pas d'importance. Ils savent que l'avenir de l'industrie et de l'entreprise qu'ils ont choisies, ainsi que leur rémunération, ne dépendent pas d'un rendez-vous… peu importe avec qui.

Donc, comme des judokas expérimentés, ils suivent le mouvement et vont de l'avant. Jimmy Dick, un grand spécialiste de l'industrie, a une expression bien à lui pour décrire ces situations. Il dit en plaisantant que les représentants qui réussissent développent un « postérieur en caoutchouc ». Peu importe les événements, ils rebondissent aussitôt et poursuivent leur route.

Les entrepreneurs qui vivent en mode ressource en viennent également à réaliser à quel point ils représentent un petit pourcentage de la population. Ainsi, lorsque la majorité des gens ne voient pas ce qu'ils voient, ou ne veulent pas faire ce qu'ils font, les entrepreneurs ne sont pas surpris, et ils ne se sentent pas personnellement visés. Ils savent qu'ils sont à la recherche de gens d'exception qui représentent eux-mêmes un petit pourcentage de la population. Examinez le triangle qui suit et voyez-le comme un filtre par lequel passe la population tout entière.

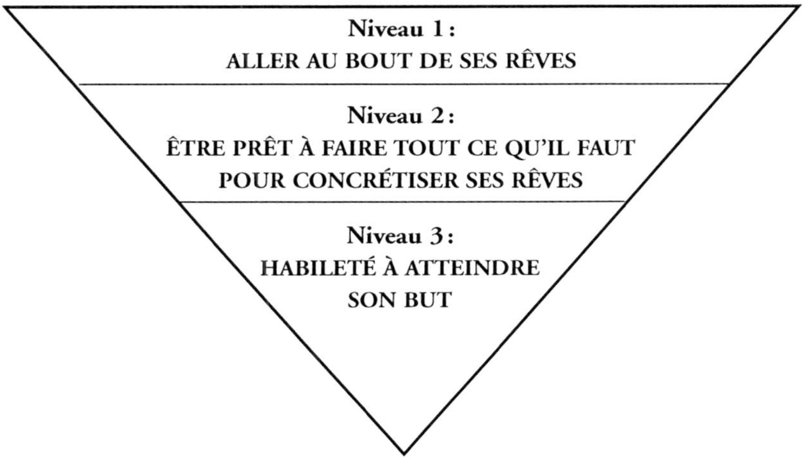

D'après vous, quel pourcentage de la population caresse vraiment un rêve bien précis ? Et maintenant, parmi ces gens qui ont un rêve, combien sont prêts à faire tout ce qu'il faut pour le concrétiser ? Et de ces gens qui ont franchi les deux premiers niveaux de notre filtre, combien auront l'habileté nécessaire pour atteindre leur but ? C'est au troisième niveau du filtre que nous réalisons que seule une petite portion de la population peut être visée. Ou, comme le dit Pat Hintze, un homme qui personnifie tout ce qu'il y a de plus honorable dans l'industrie, le marketing de réseau « est tout juste assez ardu pour éliminer de lui-même les gens qui n'en veulent pas. »

La compréhension de ce processus de filtration est très libératrice. Elle permet aux représentants de demeurer en mode ressource. Ils se détournent de ces gens qui déclinent une invitation à changer leur vie, et ils visualisent plutôt ce jour où leur équipe comptera une trentaine d'individus motivés et qui ont des rêves, qui sont prêts à travailler dur, et qui sont capables d'atteindre leurs buts. Étant en mode ressource, ils voient l'avenir avec un tel optimisme qu'ils remarquent à peine ceux qui choisissent d'emprunter une autre voie. Où vous situez-vous ? Vous attardez-vous à ceux qui ont accepté, ou qui accepteront, votre invitation ? Ou vous attardez-vous à ceux qui la refusent ?

Ce processus de filtration soulève plusieurs points fascinants

- Les gens qui persévèrent dans le monde du marketing de réseau sont des gens très spéciaux. Ils méritent d'être respectés.
- Le nombre de gens qui sont prêts à franchir les trois niveaux du processus de filtration est si faible que nous n'aurons jamais à nous soucier d'une saturation du marché dans notre industrie.
- Si vous avez fait l'effort d'acheter ce livre et l'avez lu jusqu'ici, vous êtes vous-même une personne très spéciale. Le cœur de l'entrepreneur bat dans votre poitrine. Protégez-le et gardez-le en santé.

COMMENT TRAVAILLENT LES ENTREPRENEURS

Ils ne dévient pas de leur trajectoire

Parlez à n'importe quel représentant parmi les mieux rémunérés dans l'industrie du marketing de réseau. Vous découvrirez rapidement qu'ils adhèrent tous à la même éthique du travail entrepreneurial. Ils ne dévient pas de leur trajectoire alors que les autres font le contraire. Ils accomplissent régulièrement toutes ces petites tâches qui sont reliées à leur travail et qui font toute la différence. Ils n'aiment peut-être pas téléphoner à un représentant éventuel ou effectuer un appel de suivi, mais ils le font quand même. Ils ne laissent pas un moment d'inconfort les écarter de leurs rêves. Ils savent ce qu'ils veulent et ils ont une idée claire de leur avenir. Ils font donc aujourd'hui ce qu'il faut pour que ce rêve devienne une réalité.

« … non seulement le rêve doit-il venir de l'intérieur, mais aussi le désir, la discipline et la motivation. »

Les entrepreneurs sont aux prises avec les mêmes conflits que tout le monde. Toutefois, ils en sortent plus souvent vainqueurs. Lorsqu'ils communiquent avec des gens, ils doivent également affronter leurs doutes, leurs craintes et leur fatigue. Ils n'aiment pas être incompris. Leurs pensées et leurs sentiments ne font pas exception dans ces moments critiques où ils doivent prendre une décision. Ils se demandent s'il convient d'appeler quelqu'un « sur-le-champ » ou le lendemain. Ce qu'il y a de particulier chez les entrepreneurs, c'est de la façon qu'ils réagissent dans ces instants de lutte intérieure. Ils ne cèdent pas aux émotions ou aux pensées qui les habitent sur le moment au détriment de leurs buts et de leurs rêves. Ils se concentrent sur leur destination et sur ce qu'ils veulent dans la vie, et ils domptent leurs désirs afin d'éviter toute anxiété qui pourrait nuire à leur motivation.

Voici la stratégie qu'utilise l'individu qui n'a jamais été à l'aise au téléphone. Lorsque son esprit commence à se rebeller et que ses craintes essaient de le pousser à reporter un appel, il se demande : « Si on m'offrait 500 $ pour faire cet appel qui ne durera qu'une minute, est-ce que je le ferais ? Et si j'étais payé tout au long des années à venir pour avoir fait ce bref appel, est-ce que je soulèverais le combiné ? » Ces questions l'exhortent à voir la situation dans son ensemble, à ne pas dévier de sa trajectoire, et à surmonter son aversion envers les communications téléphoniques. Il n'est donc pas étonnant qu'il soit un pilier dans son entreprise.

Ils deviennent le pire patron qu'ils n'aient jamais eu

David Jennings est l'un des participants les mieux rémunérés dans son entreprise de marketing de réseau. Lorsqu'il parle de son entreprise, il dit souvent qu'il est « le pire patron qu'il n'ait jamais eu ». Que veut-il dire ? Les gens ne se lancent-ils pas dans cette industrie justement parce qu'ils ne veulent plus de patron, de quotas, ou se faire dire quoi faire ? Tout à fait. Et David reconnaît volontiers que les plus grands avantages du marketing de réseau peuvent être en même temps ses plus grands désavantages. Lorsque personne n'est là pour leur dire quoi faire, certaines personnes ne font rien ! Dans l'univers du marketing de réseau, non seulement le rêve doit-il venir de l'intérieur, mais aussi le désir, la discipline et la motivation. Un patron avisé aidera ses subordonnés à réussir et à améliorer leur rendement.

Dans le monde du travail traditionnel, certaines personnes rêvent d'un patron peu exigeant. Dans le monde du marketing de réseau et dans le fuseau horaire de l'entrepreneuriat, un patron peu exigeant vous coûtera votre rêve.

Je ne peux que vous conseiller d'être inflexible envers vous-même et tolérant avec autrui. Reconnaissez que le marketing de réseau vous a donné ce que vous vouliez, c'est-à-dire la mainmise sur votre avenir. Mais en acceptant d'assumer la responsabilité de la croissance de votre entreprise, faites preuve de tolérance envers les autres représentants. Peut-être que leurs rêves ne sont pas encore clairs, que leur vision est en devenir, et que leur confiance en eux émerge à peine. Ne soyez pas trop exigeant avec eux tout en ne vous donnant aucune chance de vous trouver des excuses.

Les entrepreneurs comprennent la valeur d'une association avec un groupe de référence positif

Tout en travaillant, les entrepreneurs trouvent régulièrement le temps de s'associer avec des pairs qui comprennent leur monde. Pourquoi ? Parce qu'ils comprennent la valeur du temps qu'ils investissent ainsi. Ils savent que le temps consacré à la fréquentation d'un groupe de référence positif leur permettra de :

- *mettre sans cesse à jour leurs connaissances ;*
- *demeurer enthousiastes ;*
- *alimenter leurs convictions ;*
- *demeurer sur leur trajectoire.*

Ils ne visent que l'excellence. Et le temps passé auprès de gens qui leur ressemblent, qui sont positifs et motivés, est pour eux une priorité. Parmi les représentants que vous connaissez, comparez ceux qui travaillent seuls à ceux qui se réunissent chaque semaine, qui assistent à des conférences et qui utilisent un système de messagerie vocale. Vous verrez rapidement pourquoi les entrepreneurs fréquentent des groupes de référence positifs.

Ils portent tous des Nike

Les entrepreneurs nourrissent leurs rêves à une échelle globale tout en demeurant exceptionnellement équilibrés dans leur vie de tous les jours. Ils voient ce qui doit être fait et puis ils suivent la philosophie de Nike: «Allez-y!» Qu'ils doivent faire un appel téléphonique, envoyer une télécopie, poster un document ou accomplir toute autre tâche, c'est cette qualité qui les distingue. Ils font tout simplement ce qui doit être fait. Ils agissent immédiatement au lieu de remettre leurs tâches au lendemain. Cette qualité, plus que bien d'autres, est ce qui différencie le gagnant de l'«aspirant au succès».

Ils s'inspirent de la sagesse des Alcooliques anonymes qui suggèrent à leurs membres de «faire un pas à la fois». C'est une façon de voir la vie avec une remarquable simplicité, de demeurer concentré sur notre but et de progresser de façon constance vers la concrétisation de nos rêves.

Lorsqu'on rencontre des entrepreneurs qui n'ont jamais dévié de leur trajectoire, on ne peut que constater le calme qu'ils affichent par rapport à leurs réalisations et à leur réussite. Pourquoi? Parce que, pour eux, le succès n'est qu'un voyage qu'ils ont entrepris en ayant un objectif qu'ils ont atteint, «un pas à la fois». Ceux d'entre nous qui contemplent de loin leurs réalisations n'y voient qu'un seul événement, comme s'ils avaient atteint leurs buts en un saut vertical unique et surhumain.

Mais pour eux, c'est le résultat d'un travail accompli étape par étape : une tâche, un moment, un jour à la fois. Ils savent que le succès est le résultat d'efforts constants et d'un bon emploi du temps. Ils sont d'accord avec Woody Allen : « En somme, 80 % du génie consiste à faire acte de présence ! » Mais nous les respectons parce que, comme Cal Ripken, ils ne cessent de faire acte de présence, peu importe ce qu'ils ont à présenter. Ils chaussent leurs Nike, ne dévient pas de leur trajectoire et font un pas à la fois.

Récemment, j'ai téléphoné à un ami pour lui demander comment sa journée s'était passée au bureau. En tant que président de son entreprise, il avait fait une offre sur un projet et s'était heurté à une concurrence acharnée. Sa proposition était le fruit de 10 années de préparation qui lui avait coûté 17 millions de dollars. Il s'agissait d'un projet d'une valeur de 7 milliards de dollars, et il n'y aurait qu'un seul gagnant. Je savais que le nom du soumissionnaire retenu serait dévoilé ce jour-là. Dans mon esprit, ce n'était qu'une journée comme les autres pour mon ami ! Je lui ai demandé comment cela s'était passé, et il m'a dit que son entreprise avait été choisie. On lui avait accordé le contrat de 7 milliards de dollars.

La suite de notre conversation a été des plus révélatrices. Je lui ai demandé comment son personnel et lui avaient réagi et comment ils avaient célébré leur victoire. Je me demandais s'ils avaient pris un après-midi de congé, avaient fait la fête ou étaient sortis dîner au restaurant. Il m'a répondu : « Nous avons ouvert une bouteille de champagne, nous avons porté un toast et nous sommes tous retournés au travail. »

Comment ces gens pouvaient-ils connaître autant de succès et demeurer aussi décontractés ? Pour eux, il ne s'agissait pas de célébrer un exploit hors du commun. C'était plutôt le point culminant d'un voyage qui avait duré 10 ans, composé d'une multitude de petites étapes. Et pour ces gens si différents les uns des autres, ce n'était simplement qu'un mode de vie que de franchir chacune de ces étapes, une à la fois.

L'une des facettes du succès est très surprenante. Et il ne s'agit pas de son caractère insaisissable. Ce n'est pas qu'il soit uniquement accessible à une élite. Au contraire, *l'aspect le plus surprenant du succès, c'est son apparente simplicité.* Fixez-vous des buts, faites un pas à la fois, et n'abandonnez jamais.

Pour bien des gens, la perspective de devenir entrepreneur est une idée nouvelle. Peut-être leur avait-elle déjà effleuré l'esprit, mais ils ne l'avaient pas prise au sérieux. N'écartez pas cette idée. Si vous le faites, c'est vous-même que vous écarterez. Accueillez avec joie cette occasion d'apprendre à penser et à vivre comme un entrepreneur. Donnez-vous la permission d'apprendre à vivre dans le fuseau horaire de l'entrepreneuriat. Associez-vous avec des gens dont la vision améliorera la vôtre. Exercez-vous à vivre en mode ressource, et chaussez vos Nike. Cela changera votre vie.

Chapitre 5

DES ATTENTES FINANCIÈRES RÉALISTES

Le marketing de réseau. Plus j'évolue dans ce monde d'avenir, plus il me passionne. Cependant, il y a dans ce monde une dimension de la vie qui est bien singulière. De fait, je la trouve étonnante. Il s'agit des attentes financières irréalistes de certaines personnes qui s'engagent dans cet univers. Pour certains de ces représentants, le lien entre leurs attentes et la réalité est presque inexistant. Ils sont à peine conscients de ce qu'il faut faire pour concrétiser leurs rêves et faire grandir leur entreprise, n'importe quelle entreprise.

Certaines personnes qui travaillent dans l'industrie du marketing de réseau semblent penser que la réussite financière ne devrait nécessiter aucun effort. À leurs yeux, le succès est comme tenter de saisir quelque chose sur la tablette du haut d'une étagère. Elles croient qu'il suffit de se dresser brièvement sur la pointe des pieds, de tendre le bras le plus haut possible, et de mettre ensuite la main sur l'objet convoité. Dans l'univers du marketing de réseau, et pour tout autre but significatif dans la vie, l'habileté à mettre la main sur ce que l'on voit au loin exige un cheminement long et constant.

Il y a de nombreuses entreprises de marketing de réseau qui peuvent être très lucratives ; il y a des millions de dollars à gagner. Le potentiel est réel ; la véritable fortune est à notre portée. Elle peut être atteinte rapidement, comparativement aux méthodes traditionnellement utilisées pour s'enrichir. Mais la véritable distanciation d'avec la réalité a trait à ce que certaines personnes croient nécessaire pour créer cette richesse. Ce potentiel ne devient réalité que pour ceux qui demeurent sur leur trajectoire, qui sont tenaces et résolus à atteindre leurs buts.

Faisons un exercice de confrontation avec la réalité et amusons-nous à examiner ce phénomène. Inspirons-nous de Jeff Foxworthy et de son : « Vous savez que vous avez l'esprit étroit si vous… » Nous appellerons notre exercice :

VOUS SAVEZ QU'IL VOUS FAUT RÉVISER VOS ATTENTES FINANCIÈRES SI :

- Vous pensiez que vous pouviez faire fortune sans travailler dur.
- Vous pensiez que vous pouviez faire du marketing de réseau à temps partiel tout en touchant un salaire à temps plein.

- Vous pensiez que les représentants les mieux rémunérés dans l'industrie du marketing de réseau sont devenus prospères parce qu'ils ont eu de la chance et qu'ils se trouvaient au bon endroit au bon moment, et non grâce à leur travail acharné.
- Vous pensiez que vous pouviez ériger votre entreprise de marketing de réseau et faire fortune, sans jamais être déçu.
- Vous pensiez que la plupart de vos amis et les membres de votre famille se joindraient à vous dans cette aventure.
- Vous pensiez que « simplicité » était synonyme de « facilité ».
- Vous croyiez que la majorité des Américains ont un rêve, et qu'ils n'attendent qu'un moyen efficace de le matérialiser.
- Vous pensiez qu'il n'y aurait pas de courbe d'apprentissage dans cette industrie.
- Vous pensiez que tous les nouveaux représentants que vous parraineriez seraient autonomes et capables d'entretenir leur propre vision.
- Vous pensiez que vous pourriez évoluer seul dans cette industrie et que vous n'auriez pas besoin de vous associer, vous ou vos représentants, à un système quelconque.
- Vous pensiez que vous pourriez faire du marketing de réseau comme on s'adonne à un passe-temps, et que cela générerait autant de revenus qu'une grande entreprise.

- Vous pensiez que vous pourriez ne vous occuper que sporadiquement de votre entreprise, mais qu'elle connaîtrait tout de même une croissance constante.
- Vous pensiez que votre entreprise ne serait guère plus qu'un jeu, mais qu'elle vous rapporterait gros.
- Vous pensiez que les fondateurs de l'entreprise que vous avez choisie offraient de l'argent, et non pas uniquement une occasion.
- Vous pensiez que vous pourriez vous lancer dans le marketing de réseau sans quitter votre zone de confort.
- Vous pensiez que vous pourriez ériger une entreprise multimillionnaire en ne travaillant que quelques minutes par semaine.
- Vous avez touché un revenu résiduel, mais vous avez oublié qu'il faut un investissement considérable de temps et d'efforts pour créer une organisation caractérisée par la profondeur et la duplication.
- Vous pensiez que vous pourriez toucher un revenu important en ne consacrant que peu de temps à votre entreprise.
- Vous pensiez pouvoir assurer la croissance d'une entreprise sans avoir à vous pencher sur votre croissance personnelle.
- Vous pensiez que la théorie voulant qu'il faut souffrir pour obtenir des résultats ne s'appliquait qu'aux gymnases.
- Vous pensiez pouvoir réussir sans lever le petit doigt.
- Vous pensiez qu'il n'est pas nécessaire de faire preuve d'acharnement pour triompher.

Quelles sont vos conclusions après cet exercice ? Personnellement, j'ai échoué. Mais au moins, je l'ai fait quelques mois à peine après mes débuts dans le monde du marketing de réseau. Avant de me lancer, j'ai choisi très consciencieusement mon entreprise et je me suis interrogé sur l'avenir de l'industrie. J'ai fait preuve d'une grande naïveté en fixant mes attentes et en déterminant ce qu'il me faudrait accomplir pour générer un revenu mensuel à six chiffres. Bref, j'ai tout d'abord omis de reconnaître deux faits :

1. Il me fallait investir beaucoup de temps et d'énergie dans mon entreprise si je voulais générer un revenu substantiel.

2. J'avais prévu un retour sur l'investissement beaucoup trop modeste. Mes rêves, mes attentes et mes buts devaient être considérablement revus à la hausse. Je n'avais pas saisi l'ampleur de l'occasion qui m'était offerte.

Peut-être que, comme moi, vous vous êtes rendu compte qu'il faut investir davantage de temps et d'efforts pour que votre entreprise génère des revenus importants. Peut-être que, comme moi, vous ne saviez pas qu'il y a trois stades dans le marketing de réseau. Et peut-être que, comme moi, une fois que vous connaîtrez ces trois stades, vous vous sentirez libre d'aller de l'avant, accepterez la réalité et travaillerez dur. Un tel investissement dès le début du processus peut se solder par des revenus qui changeront littéralement votre vie. C'est un travail ardu. Mais chaque minute en vaut la peine… *à la fin du processus.*

LES TROIS STADES PSYCHOLOGIQUES DU MARKETING DE RÉSEAU

STADE N° 1 : CELA N'EN VAUT PAS LA PEINE
STADE N° 2 : CELA EN VAUT LA PEINE
STADE N° 3 : JE NE VAUX PAS AUTANT

Alors qu'un ami et moi nous rendions à une réunion, nous avons discuté des trois stades psychologiques qui jalonnent le développement d'une entreprise de marketing de réseau. Lorsque vous parcourez plus de 300 kilomètres pour faire une présentation, vous avez le temps d'aborder plusieurs sujets. Nous avons d'abord comparé ces stades à un vieux dilemme dont vous avez sans doute entendu parler : « Si vous aviez le choix, préféreriez-vous avoir un million de dollars, ou un capital initial d'un sou qui doublerait chaque jour pendant un mois ? » C'est une question devenue si banale qu'elle n'a pratiquement plus d'impact. Nous cessons de prêter attention à sa signification. Pour en comprendre l'ampleur, nous avons fait un calcul. Les chiffres nous ont rappelé la raison pour laquelle il est nécessaire d'avoir une vision à long terme dans notre industrie.

Examinez soigneusement ce tableau. C'est une merveilleuse illustration de la courbe de croissance d'une entreprise de marketing de réseau. Nous devons franchir trois stades bien précis. On ne peut parvenir au troisième stade sans être passé par le deuxième, et on ne peut atteindre le deuxième stade sans avoir investi du temps et payé notre dû pendant le premier stade. Il n'y a pas de raccourci. Les représentants ne passent pas tous d'un stade à l'autre à la même vitesse, mais ils doivent nécessairement les franchir sans les contourner. Aucun des représentants les mieux rémunérés de l'industrie n'a pu les éviter. Aucun, sans exception.

CAPITAL INITIAL D'UN SOU DOUBLANT CHAQUE JOUR

STADE UN
Cela n'en vaut pas la peine

JOUR 1	0,01 $
JOUR 2	0,02 $
JOUR 3	0,04 $
JOUR 4	0,08 $
JOUR 5	0,16 $
JOUR 6	0,32 $
JOUR 7	0,64 $
JOUR 8	1,28 $
JOUR 9	2,56 $
JOUR 10	5,12 $
JOUR 11	10,24 $
JOUR 12	20,48 $
JOUR 13	40,96 $
JOUR 14	81,92 $
JOUR 15	163,84 $
JOUR 16	327,68 $
JOUR 17	655,36 $
JOUR 18	1 310,72 $
JOUR 19	2 621,44 $

STADE DEUX
Cela en vaut la peine

JOUR 20	5 242,88 $
JOUR 21	10,485,76 $
JOUR 22	20 971,52 $
JOUR 23	41 943,04 $
JOUR 24	83 886,08 $

STADE TROIS
Je ne vaux pas autant

JOUR 25	167 772,16 $
JOUR 26	335 544,32 $
JOUR 27	671 088,64 $
JOUR 28	1 342 177,28 $
JOUR 29	2 684 354,56 $
JOUR 30	5 368 709,12 $
JOUR 31	10 737 418,24 $

Les trois stades psychologiques qui ponctuent le développement d'une entreprise de marketing de réseau

LA VIE AU STADE UN

Les gens qui se trouvent au premier stade et qui tentent sérieusement de faire grandir leur entreprise vivront inévitablement des moments pendant lesquels ils penseront : « Cela n'en vaut pas la peine. » Regardez le nombre inscrit vis-à-vis du jour 7 sur le tableau. La rémunération n'a pas encore atteint 1,00 $ par jour ; au jour 14, elle n'a pas encore atteint 100 $. S'il s'agissait de l'unique salaire que touche un représentant, on comprendrait aisément qu'il soit tenté d'abandonner. Et si ces jours équivalaient à des semaines ou à des mois, on comprendrait encore mieux son découragement.

Qui travaillerait dur pendant 17 mois et serait satisfait d'un salaire de 655 $? Personne. Les gens ne persévèrent pas au premier stade parce qu'ils sont satisfaits. Ils persévèrent parce qu'ils ont un rêve. Ils vivent dans le fuseau horaire de l'entrepreneuriat et ils ont une vision de 2/100 ou de 2/1000. Ils voient au-delà de l'horizon. Leur association avec un groupe de référence positif les soutient jusqu'à ce que leurs espoirs se matérialisent.

Une erreur fréquente

L'erreur la plus fréquente que font les gens au premier stade est d'en juger l'efficacité en fonction d'un revenu linéaire. Ils basculent de nouveau dans le fuseau horaire de la bureaucratie. Ensuite, comme nous l'avons déjà souligné, ils commencent à chercher un lien direct entre le temps passé à travailler et le salaire perçu. Lorsqu'ils ne reçoivent pas un chèque correspondant à leurs attentes, ils laissent tomber. La seule façon d'apprécier le premier stade et de le franchir consiste à demeurer dans le fuseau horaire de l'entrepreneuriat. Si vous voulez entretenir votre motivation dans le temps présent en attendant que l'argent coule à flots, vous devez comprendre le pouvoir et le génie du marketing de réseau.

« Dans l'industrie du marketing de réseau, les entrepreneurs sont rémunérés pour leur vision, leur courage et leur endurance. »

Il est important de comprendre le mode de rémunération qui a cours dans votre entreprise. Vous devez être motivé par des buts réalistes, et être prêt ensuite à faire le nécessaire pour atteindre le palier de rémunération que vous souhaitez. Il y a une grande différence entre viser les deuxième et troisième stades d'une entreprise de marketing de réseau avec la vision, la mentalité et l'éthique du travail d'un entrepreneur, et voir les mêmes chiffres en les associant à un rêve flou et distant sans rien faire pour les transformer en but atteignable.

Certains représentants se lancent dans l'industrie du marketing de réseau comme s'il s'agissait d'une simple danse en ligne à deux pas. Au cours du premier stade, chaque nouveau représentant envoie un chèque à l'entreprise de marketing de réseau qu'il a choisie. Au deuxième stade, cette entreprise envoie chaque mois des chèques d'un montant de plus en plus élevé au représentant.

En réalité, le marketing de réseau est une danse à trois pas. Le premier pas équivaut au moment où les représentants s'engagent auprès d'une entreprise. Le troisième pas équivaut au moment où l'entreprise commence à les rémunérer. Entre ces deux pas se trouve l'étape la plus difficile et la moins attrayante. C'est l'étape du travail ardu et soutenu. C'est la phase pendant laquelle il ne faut pas perdre de vue son objectif. Tant qu'on n'accepte pas cette réalité, il est difficile de faire preuve de patience pendant le premier stade.

Je dois admettre qu'accepter la réalité du premier stade a été une transition majeure pour moi. Dans le cadre de mes activités professionnelles, ce sont les gens qui font appel à moi. Ils prennent l'initiative, ils m'appellent, et ils me paient. Je suis habitué à recevoir des appels de chefs d'entreprise et de membres du Congrès qui souhaitent s'entretenir avec moi en tête-à-tête et qui m'invitent à prononcer des discours.

Il en est ainsi depuis 20 ans. J'aime qu'il en soit ainsi. Pour tirer parti de l'occasion qui m'était offerte dans l'industrie du marketing de réseau, j'ai dû faire les premiers pas. J'ai dû passer à l'attaque et faire le nécessaire pour ériger une entreprise prospère. Cela n'a pas été un ajustement facile, mais il en valait la peine. Je sais que je ne suis pas seul. Par exemple, tous ceux qui sont passés par le premier stade savent d'expérience ce qu'il en est :

- Se rendre dans une autre ville en avion pour animer une réunion et s'apercevoir qu'il n'y a pas de nouveaux participants.
- Occuper un emploi régulier et puis sauter dans sa voiture et parcourir 400 kilomètres pour assister à une réunion qui n'a attiré aucun nouveau représentant éventuel.

- Fixer un rendez-vous à quelqu'un afin de lui parler de votre entreprise, et l'attendre en vain, sans qu'il vous appelle pour expliquer son absence.
- Dépenser un temps précieux, de l'énergie ou de l'argent pour se rendre à une réunion qui n'aboutit à rien.
- Recruter un nouveau représentant bourré de talents qui, ensuite, n'obtient que des résultats médiocres.

C'est là une partie de la réalité propre au premier stade. Et il n'y a pas moyen d'y échapper. Y a-t-il des gens qui sont sensibles à cette dimension de l'industrie? Non, à moins d'être anormaux. Alors, comment font-ils pour persévérer? Généralement, ils font deux choses, même s'ils n'en sont pas toujours conscients. Ils l'acceptent comme un aspect incontournable de leur engagement dans l'industrie, et ils mettent en pratique un grand nombre des principes dont nous avons discuté jusqu'à présent dans cet ouvrage. Cela leur permet de ne pas dévier de leur trajectoire et de demeurer motivés tout au long des deuxième et troisième stades.

La ruée vers l'or des fous

Je trouve toujours amusant de constater ce que font les gens lorsqu'ils goûtent à la vie qui caractérise le premier stade. Dès que les choses deviennent difficiles, un grand nombre d'entre eux abandonnent, ou se mettent à la recherche d'une « nouvelle occasion ». Ceux qui se mettent en quête de cette occasion plus attrayante s'engagent dans une ruée vers l'or des fous. Ils vivent avec la fausse croyance qu'il est possible de faire fortune sans lever le petit doigt. Et il semble alors qu'un flot sans fin d'« occasions » s'abat justement sur ceux qui ignorent à peu près tout de la façon d'ériger une entreprise.

Ils croient aveuglément que la prochaine occasion qui se présentera leur permettra de passer outre le premier stade. Comme s'ils jouaient au Monopoly, ils s'entêtent à attendre le moment où ils se trouveront sur la case qui les enjoint de « passer go » et de toucher 200 $. Cela peut arriver dans un jeu de société, mais rarement dans le jeu de la vie. Le marketing de réseau est une invitation à bâtir une entreprise et à puiser dans les profits de l'industrie dans laquelle votre entreprise évolue. Ce n'est ni une invitation à jouer à la loterie ni un bon tuyau pour parier aux courses.

Deux options s'offrent à ceux qui s'engagent dans le marketing de réseau avec la naïveté dont j'ai moi-même fait preuve. Ils peuvent s'adapter ou ils peuvent tirer leur révérence. Quelle que soit leur décision, elle sera profondément déterminante.

J'ai pris ma décision. Je passe au troisième stade. Mais si j'avais su tout ce dont nous avons discuté jusqu'à maintenant, je me serais senti moins perdu et je n'aurais été que plus résolu lors de certains moments qui étaient loin d'être empreints d'euphorie.

Les principes fondamentaux du succès

Revoyons rapidement certains des principes fondamentaux sur lesquels repose la croissance d'une entreprise. Ces principes constituent le compas qui nous indique la bonne direction lorsque nous sommes perdus dans le brouillard du premier stade.

- Les trois principes du marketing de réseau sont l'effort soutenu, la duplication et l'investissement de temps. Ils nous rappellent de travailler sans relâche, d'encourager la duplication et de faire preuve de patience.
- « Maman a dit qu'il y aurait des jours comme ça. » Cessez de combattre la réalité. Acceptez-la. Ne déviez pas de votre trajectoire.
- Il s'agit d'un marathon et non d'un sprint. C'est pour cette raison qu'un cheval de somme est meilleur qu'un cheval de course.
- Dans l'industrie du marketing de réseau, le succès tient davantage de la ténacité que du talent. Quoi qu'il arrive, n'abandonnez pas.
- La prospérité découle de la profondeur. La profondeur est tributaire de la duplication. La duplication dépend d'un système. Faites en sorte que ce système demeure simple. La prospérité n'est pas le fruit du hasard.
- Mesurez le temps consacré à votre entreprise à la manière des pilotes, c'est-à-dire sous l'angle d'heures de vol. Le représentant qui effectue le plus grand nombre de présentations l'emporte.
- Demeurez en mode ressource ; évitez de vous retrouver en mode problème. Laissez la certitude de la réussite future vous apporter joie, vigueur et énergie dès aujourd'hui.
- Soyez votre pire patron. Associez-vous avec un groupe de référence positif.

Vous voudrez peut-être marquer cette page d'un signet. Lorsque vous, ou quelqu'un avec qui vous travaillez, aurez le sentiment que cette industrie « n'en vaut pas la peine », les principes fondamentaux du succès que nous venons de mentionner pourront vous aider à trouver l'heure juste.

STADE Nº 2 : CELA EN VAUT LA PEINE !

Les représentants qui veillent systématiquement et efficacement à la croissance de leur entreprise atteindront le deuxième stade. C'est là qu'ils commenceront à se rendre compte qu'ils n'ont pas travaillé en vain. Leur entreprise générera un revenu qu'ils considéreront acceptable. Ce revenu peut varier d'un représentant à l'autre. Mais les récompenses psychiques sont similaires. Elles se traduisent par une augmentation de la confiance en soi, des circonstances favorables et du développement personnel. L'espoir devient certitude. Et le doute est remplacé par une détermination de plus en plus forte. La vision est plus grandiose, la tâche est plus facile, et le travail est plus fructueux et agréable.

Je ne donnerai qu'un seul avertissement aux représentants qui s'engagent dans le deuxième stade. Ne ralentissez pas. De nombreux représentants confondent l'élan initial avec la masse critique. Ils ne sont toutefois pas reliés à distance. L'élan initial est fragile, et il doit être soutenu, géré et alimenté. D'un autre côté, la masse critique est en physique le point où l'énergie extérieure n'est plus nécessaire pour créer une réaction en chaîne. En affaires, il est toujours dangereux de supposer que la masse critique a été atteinte.

De nombreux entrepreneurs qui se hissent à un palier de leadership supérieur sont tentés de ralentir le mouvement et de confier la croissance de leur entreprise à leur chaîne de représentants. Ils commencent à gérer leurs équipes au lieu de continuer à vaquer aux activités qui leur ont permis de réussir, c'est-à-dire s'en tenir à l'essentiel et présenter leur entreprise au plus grand nombre de gens possible. Ils oublient la loi des semailles et des récoltes. Ils commencent à semer plus modérément et ils s'étonnent ensuite de n'obtenir qu'une maigre récolte. Si je connais bien cette erreur, c'est que je l'ai faite.

STADE Nº 3 : JE NE VAUX PAS AUTANT !

Je n'ai rien à dire à ces représentants qui sont parvenus au troisième stade. Je ne l'ai pas encore atteint. Et à ceux qui y sont arrivés, je ne peux que dire mon admiration. Je suis votre élève. Je ne saurais avoir l'audace de vous enseigner quoi que ce soit.

En dernier lieu, j'aimerais clarifier une chose, c'est-à-dire la façon dont j'ai qualifié le troisième stade : « Je ne vaux pas autant ! » C'est un énoncé qui résume les pensées de nombreux entrepreneurs qui ont réussi. Il illustre leur humilité et leur désarroi devant les revenus considérables qu'ils peuvent générer grâce au marketing de réseau. Mais en termes pratiques, je ne suis pas d'accord avec cet énoncé. Les entrepreneurs qui évoluent dans l'univers du marketing de réseau, peu importe les sommes colossales qu'ils toucheront éventuellement chaque mois, valent chaque dollar qui entre dans leur poche. Si vous en doutez, c'est que vous ne pensez pas en fonction du fuseau horaire de l'entrepreneuriat. Vous pensez de nouveau en fonction du temps linéaire : « Le salaire doit correspondre au nombre d'heures travaillées ».

Étant donné que de nombreux hommes et femmes gagnent maintenant plusieurs millions de dollars par année grâce au marketing de réseau (et, pour certains, il s'agit de millions de dollars par mois), comment puis-je dire qu'ils méritent un tel salaire ? Les entrepreneurs ne sont pas rémunérés sur une base horaire. Ils sont rémunérés pour leur vision, leur courage et leur endurance. Ils sont payés pour faire ce que d'autres ne feraient pas. Ils sont payés pour mater la peur, ignorer la fatigue, lutter contre la solitude, écarter le découragement et avancer avec foi. Ils sont payés pour mettre en jeu leurs rêves, leur vie et leur sécurité. Et seuls ceux qui ont fait une incursion dans ce monde savent que les entrepreneurs prennent les mêmes risques que le funambule qui avance sur un fil sans filet de sécurité. Ce sont des héros des temps modernes qui méritent tout ce qu'ils récoltent.

Je les salue.

Deuxième partie

Le volet psychologique du succès

Chapitre 6

LE DERNIER RETRANCHEMENT DU DOUTE : L'EGO

Dans le désordre qui règne si souvent dans les magasins d'antiquités, le vase posé sur une table se perdait pratiquement parmi les objets hétéroclites qui l'entouraient. La poussière qui le recouvrait laissait entendre qu'il se trouvait là depuis longtemps ; il n'était ni lustré ni attirant, et rien ne permettait de croire qu'il avait de la valeur ou un caractère unique et exceptionnel. Il était donc demeuré sur la table, sans jamais attirer un second regard de la part des nombreux clients qui entraient dans la boutique.

Mais un jour, une femme grande et blonde, l'air aristocratique, s'est arrêtée, a regardé le vase et l'a soulevé. Elle s'est mise à se demander si le motif compliqué qui l'ornait serait plus apparent si elle nettoyait le vase. Jetant un coup d'œil à droite, et puis à gauche, elle a discrètement humecté son pouce et a commencé à frotter le vase. Même dans la lumière diffuse qui baignait l'intérieur du magasin, elle a vu suffisamment d'amélioration pour supposer qu'il serait possible de le nettoyer convenablement. Elle a donc versé la somme de 3 $ au propriétaire et est sortie avec son achat.

Une fois rentrée à la maison, elle entreprit d'astiquer le vase. Soudain, elle a dû s'asseoir en constatant toute la beauté qu'avait cachée la poussière. Son design, ses motifs et ses couleurs étaient exquis. Cette découverte ayant éveillé sa curiosité, elle est donc allée voir un expert. Après un bref examen, l'évaluateur d'objets d'art lui a dit qu'il s'agissait d'un vase ayant appartenu à un tsar de Russie. Il a fixé sa valeur à plus de 50 000 $.

De telles choses arrivent tous les jours. Des objets d'une extraordinaire beauté et de grande valeur passent inaperçus et sont sous-évalués. Mais cette faute d'inattention ne se limite pas au domaine des vases. Elle touche plus souvent qu'à son tour d'autres contenants… des contenants humains. L'une des tragédies qui sont chaque jour passées sous silence concerne le nombre de gens qui ne se donnent pas la permission d'être des protagonistes dans le jeu de la vie. Dans l'univers du marketing de réseau, cela signifie qu'il nous faut faire face à un ultime élément de doute, et c'est notre confiance en soi.

Ce qui est primordial

Peu importe qu'un individu ait l'intime conviction que le marketing de réseau peut devenir un moyen de premier plan pour brasser des affaires. Peu importe la confiance qu'il a envers n'importe quelle entreprise de marketing de réseau. Et peu importe son enthousiasme envers le potentiel de rémunération, ou la qualité des produits ou services qui sont offerts. Si sa confiance en lui est érodée par le doute et le négativisme, alors ce système de croyances primera et éclipsera totalement sa confiance, ses convictions et sa passion. De fait, cela empêchera même plusieurs individus de se lancer dans le marketing de réseau.

D'autres le feront, mais le poids de leur manque de confiance en eux les ralentira. Pour eux, ce sera comme tenter de conduite une voiture avec le frein à main enclenché. Ils reconnaissent que le marketing de réseau est un véhicule qui pourrait littéralement changer leur vie et leur avenir financier, mais le doute constant qui les assaille les empêche d'aller de l'avant sans crainte. Ils veulent cependant aller de l'avant ; ils croient dans l'industrie ; ils voient son potentiel, et ils ont la ferme intention d'y demeurer.

Toutefois, la fatigue que suscite leur système de croyances négatives finit par les épuiser. Alors, ils ralentissent. Ils s'immobilisent. Ils se reposent. Et aussitôt, le soulagement que cela leur apporte leur apparaît beaucoup plus facile que de porter le poids omniprésent de leur doute. Et ils garent leur véhicule rempli d'occasions. Ils se disqualifient eux-mêmes de la course de la vie. Et ils se résignent à n'être que des spectateurs.

Je ressens de la tristesse pour ces gens. Leur système de croyances erronées les éloigne du succès et accroît les risques d'échec. Ils deviennent prisonniers de modèles répétitifs d'évitement, de faux départs et d'abandon. Ces erreurs, en retour, ne font qu'alimenter la base de données de l'évidence historique, pour ensuite étayer leur système de croyances erronées. Paradoxalement, ils deviennent persuadés de ne pas avoir le droit de vivre leur vie avec confiance. Ils croient plus que jamais qu'ils n'ont pas ce droit, qu'ils n'ont pas les compétences nécessaires, et qu'il est peu probable qu'ils soient un jour des gagnants dans la vie. Donc, au lieu de vivre avec abandon, ils abandonnent la vie. Ils commencent à mettre leurs rêves de côté et ils perdent tout espoir. Ils commencent à « accepter leur destinée » et plient devant les circonstances présentes.

J'ai vu d'innombrables individus agir ainsi. Ils déterminent ce qu'ils feront dans la vie en s'assurant que cela n'exigera pas qu'ils sortent de leur zone de confort et de leur système de croyances. Ils sont comme le chien qui a été entraîné à rester dans une cour qui n'est pas clôturée. Peu importe ce qui arrive, le chien ne s'aventurera pas hors de ce périmètre. Le chien peut voir le monde qui l'entoure. Il pourra même avoir envie d'aller le voir de plus près. Mais en fin de compte, il restera dans les limites de la cour. Il croit fermement qu'il serait dangereux, imprudent ou inacceptable d'outrepasser ces limites. Dans l'univers canin, c'est parfait. Mais dans celui des êtres humains, c'est tragique. Trop de gens vivent confinés dans les limites de leurs croyances. Ils voient un monde d'occasions illimitées « là-bas », mais ils ne se donnent jamais la permission d'aller voir de plus près et de saisir ces occasions.

« Nos croyances fondamentales sont l'épicentre à partir duquel jaillissent nos pensées, nos comportements et nos émotions. »

J'ai récemment été témoin d'une démonstration saisissante des limitations que peut entraîner le manque de confiance en soi. J'observais un petit groupe de personnes qui assistaient à une présentation à domicile donnée par le représentant d'une entreprise de marketing de réseau. Lorsque l'orateur s'est tu, un homme s'est levé et a dit : « J'ai aimé tout ce que j'ai vu. Mais il y a un problème. J'ai compris qui était le maillon faible de la chaîne. C'est moi. Rien ne justifie que l'on m'écoute. » Immédiatement, j'ai ressenti de la tristesse pour cet homme charmant qui vivait avec des croyances aussi limitées, mais j'ai aussi éprouvé du respect devant le courage et l'honnêteté dont il avait fait preuve en prenant la parole avec autant de franchise. Le dernier retranchement du doute… l'ego venait de faire une autre victime. Sa vie se trouvait à un carrefour. Pendant qu'il hésitait à l'intersection de ses vieilles croyances et d'une nouvelle occasion, les premières l'ont empêché de tirer parti de la seconde. Il ne le sait pas, mais ses croyances feront en sorte qu'il vivra toute sa vie dans un cul-de-sac.

Tout individu a une perception unique de la place qu'il occupe dans le monde et il apportera cette perception dans le monde du marketing de réseau. Ses vieilles croyances, ses attentes et son attitude sont inévitablement transportées dans l'entreprise avec laquelle il s'associe. Pour ceux qui se définissent selon un quelconque vase valant trois dollars, l'aspect le plus difficile de la croissance n'est pas d'apprendre à connaître cette entreprise et sa structure de rémunération. Ils ont davantage de difficulté à faire en sorte que leurs vieilles croyances, leur attitude et leurs habitudes ne viennent pas contaminer les occasions qui leur sont offertes. Ceux qui apportent leur négativisme et leurs croyances erronées empoisonnent leurs chances de réussite, tout comme cela empoisonnera toutes les autres occasions qui y seront exposées.

Il ne faut pas oublier que chacun d'entre nous vit parfois des moments de doute. On peut douter de nous-même, de notre endurance, de nos talents, de notre équipe, de notre confiance dans l'industrie, de notre entreprise, etc. Ces hésitations temporaires sont normales. Ce qui importe davantage à propos de ces moments de doute, ce sont leur fréquence, leur durée et leur intensité. Il y a une différence significative entre un bref épisode de doute et une mentalité ou un système de croyances bien implanté, que l'on ne remet pas en question et qui régit toutes nos actions.

À LA DÉCOUVERTE DE NOS SYSTÈMES DE CROYANCES

Pour explorer leur système de croyances, les gens ont besoin d'un point de départ. J'estime qu'il est important de prêter attention à plusieurs questions qui y sont étroitement liées :

1. Qu'est-ce que je crois ?
2. Depuis combien de temps est-ce que j'y crois ?
3. Comment s'est installée cette croyance ?
4. Ce que je crois est-il vrai, exact et utile ?
5. Quel impact ces croyances auront-elles sur ma vie si je ne les change pas ?

Comment met-on la gelée à l'intérieur des beignets ?

Quelle est la dernière fois où vous avez mangé un beignet fourré à la gelée? Lorsque j'étais petit, j'adorais ce genre de beignets. Je me demandais : « Comment met-on la gelée à l'intérieur ? » Maintenant, devenu adulte, je me demande comment j'ai pu en avaler autant. Nos croyances sont comme ces beignets remplis de gelée. Nous devons nous interroger sur la nature de nos croyances et sur la façon dont elles ont pris racine en nous.

L'examen de ces deux composantes de nos croyances est très utile. Il influera également sur notre avenir dans l'univers du marketing de réseau, et il sera très révélateur sur la façon dont nous pensons, vivons et nous comportons. Pourquoi ? Parce que nos croyances fondamentales sont la constitution qui régit notre vie, la loi ultime du pays. Dans le jargon de l'aéronautique, on pourrait les comparer au plan de vol qui est établi avant chaque décollage. La destination est déterminée à l'avance. Dans la terminologie des jeux de cartes, nos croyances correspondent à l'atout. Elles l'emporteront sur toutes les autres cartes. C'est pour cette raison que dans le milieu du marketing de réseau, vous entendrez à l'occasion : « L'entreprise d'un individu ne deviendra jamais plus grande que son image de soi. »

C'est clair : nos croyances fondamentales sont l'épicentre à partir duquel jaillissent nos pensées, nos comportements et nos émotions. Lorsque les gens commencent à se donner la permission d'explorer leur système de croyances, ils commencent à prendre leur vie en main. La raison en est fort simple : si nous n'apprenons pas à maîtriser nos pensées, nos pensées nous maîtriseront.

Permettez-moi d'exposer encore une fois le rôle et le pouvoir des systèmes de croyances. Dans la vie, tout comme dans le monde du marketing de réseau, de nombreuses personnes demeurent incapables de tirer parti d'occasions extraordinaires parce qu'elles sont prisonnières de leurs croyances erronées. Elles pensent exercer un contrôle sur leur comportement ; leur attitude détermine leurs actions. Le contenu de leurs pensées dicte la qualité et la conduite de leur vie. Le principe selon lequel « les idées ont des conséquences » est vrai.

CROYANCES	→	**COMPORTEMENT**
ATTITUDES	→	**ACTIONS**
CONTENU DES PENSÉES	→	**CONDUITE DE LA VIE**

La qualité des pensées influe sur la qualité de vie

Il faut prêter attention à nos propres croyances

La majorité des gens vivent sans jamais remettre en question leurs croyances fondamentales. Ils peuvent être parfaitement conscients de ce qu'ils croient. Mais ils ne se demandent jamais pourquoi ils ont adhéré à ces croyances. Ils ne savent pas quand ils ont commencé à y croire, et ils ne se demandent pas si ce *à quoi* ils croient est vrai. Autrement dit, ils n'ont aucune idée de la façon dont la gelée a été mise dans le beignet. En fait, ils ignorent comment leurs croyances sont entrées dans leur esprit.

Cela est compréhensible parce que la majorité des gens ont vécu avec leurs croyances pendant si longtemps qu'ils ne les remarquent même plus. Leurs schémas de pensée sont tellement ancrés en eux et tellement familiers qu'ils sont devenus un mode de raisonnement autoréférentiel. Leur esprit est programmé, comme s'il était muni d'un dispositif de pilotage automatique, et ils n'ont plus besoin d'examiner les pensées qui traversent le cadran du radar de leur esprit.

Utilisons une illustration simple pour démontrer comment notre esprit exécute cette gymnastique. Avez-vous déjà passé une journée sur la plage dans un centre de villégiature ? Il arrive souvent que, dans ce genre d'endroit, un petit avion longe la côte sans interruption en tirant derrière lui une bannière affichant un message tel que : « Ce soir, mangez à la grilladerie de Larry ». Au premier passage de l'avion, nous interrompons nos activités pour lire ce qui est écrit sur la bannière. Mais bientôt, lorsque la vue de l'avion et de son message publicitaire nous devient familière, nous n'y prêtons plus attention.

Chacun de nous fait la même chose avec ses pensées. Les pensées que nous avons à propos de nous-même, de la vie et du monde ont traversé l'écran de notre esprit à de si nombreuses reprises que nous n'y prêtons plus attention. Nous les tenons pour acquises et nous poursuivons notre route. Cette désinvolture que nous affichons devant nos propres pensées peut être utile lorsque notre schéma de pensée est sain et non biaisé. Mais lorsque nos pensées sont faussées dans certains domaines vitaux de la vie, nous devons être en mesure de les gérer avant qu'elles ne prennent le contrôle de notre esprit. Sinon, comme un virus qui s'attaque à un logiciel, nos pensées peuvent altérer notre habileté à fonctionner efficacement et à réagir dans la vie.

« Si nous n'apprenons pas à maîtriser nos pensées, nos pensées nous maîtriseront. »

Le fait de prêter attention à nos pensées et à notre système de croyances peut grandement contribuer à la croissance de notre entreprise. Pour cela, il nous faut nous attarder à ces pensées qui défilent continuellement sur l'écran de notre esprit. Nous devons nous exercer à devenir de bons auditeurs, à écouter attentivement nos propres dialogues intérieurs. Bref, ces pensées qui sont devenues si familières qu'elles « échappent à toute détection radar » doivent être repérées et évaluées en fonction de leur exactitude et de leur utilité. C'est nécessaire, car comme je l'ai déjà mentionné, si nous n'apprenons pas à maîtriser nos pensées, nos pensées nous maîtriseront.

Ajustez le volume de votre lecteur de cassettes audio

La majorité des gens n'ont jamais appris à prêter attention à leurs pensées et à leur système de croyances. Mais ces croyances sont relativement faciles à repérer parce que nous les exprimons sans cesse. Dans l'intimité de notre esprit, nous traduisons notre système de croyances en monologues intérieurs. Habituellement à une vitesse de plus de 700 mots à la minute.

Pour mieux comprendre ce processus, imaginez que votre esprit renferme un lecteur de cassettes audio qui fonctionne sans arrêt. Nos croyances sont enregistrées sur la cassette et nous les entendons constamment. Cependant, le volume du lecteur est plutôt bas, et nous devons écouter attentivement pour bien entendre. Lorsque les gens apprennent à le faire, il devient plus facile d'« entendre » ce que contient la cassette. Cela les met en position d'évaluer la véracité de leurs croyances et l'impact qu'elles ont sur leur vie.

Apprenez à épier votre propre esprit. Vous serez étonné par ce que vous pensez, ressentez et dites en votre for intérieur. Vos pensées attisent-elles le feu de votre confiance, ou étouffent-elles votre motivation et votre courage ? Vous inspirent-elles à croire en vous et à tenter de relever de nouveaux défis, ou vous incitent-elles à ne pas vous aventurer à l'extérieur de votre zone de confort ? Vos pensées les plus influentes murmurent-elles ou hurlent-elles ? Certaines personnes doivent monter le volume du lecteur de cassettes audio de leur esprit, et d'autres doivent le baisser.

Voici ce à quoi prêter attention lorsque vous écoutez la cassette audio de votre esprit :

Est-ce que mon monologue intérieur est :

– utile ?
– positif ?
– constructif ?
– motivant ?
– gentil ?
– inspirant ?

Ceci engendre-t-il :

– de l'assurance ?
– de l'optimisme ?

– du ravissement ?
– de la persévérance ?
– une force personnelle ?
– de l'espoir ?
– une confiance en vous ?
– de la confiance en votre entreprise ?
– du rire ?
– la liberté de réussir ?
– la liberté d'échouer ?
– la liberté d'essayer des choses nouvelles ?
– la liberté d'acquérir de nouvelles connaissances ?
– une liberté d'expression ?
– la liberté de rêver ?
– la liberté d'adopter de nouveaux comportements ?
– une liberté de diriger ?
– la liberté de servir ?
– la liberté de faire grandir votre entreprise ?

En vous basant sur cette liste, quelles sont les choses que vous vous répétez sans cesse ? Quelles pensées voulez-vous conserver et quelles sont celles qui vous empêchent de progresser ? Êtes-vous en mesure de déterminer le moment où ces pensées se sont « installées » dans votre esprit ou ont été enregistrées sur la cassette audio ? Pouvez-vous déterminer la source de ces pensées ? En s'exerçant, de nombreuses personnes arrivent à entendre la voix, le volume et le ton de la personne qui a installé une pensée dans leur esprit, une pensée qui est devenue une croyance.

Des ego fragiles et des pêches meurtries

Vous rappelez-vous ce que la plupart d'entre nous ont appris très tôt à dire lorsque d'autres enfants n'étaient pas gentils avec nous ? Devant leur méchanceté, on nous a appris à rétorquer : « Bâtons et pierres peuvent me briser les os, mais les insultes ne me blessent pas. » C'est une réplique mignonne dans la bouche d'un enfant. Malheureusement, elle n'est pas entièrement vraie. Les mots ont un pouvoir immense ; ils peuvent littéralement modeler, améliorer, ou gâcher une vie. Il n'est pas surprenant que le rédacteur des proverbes ait écrit : « Mort et vie sont au pouvoir de la langue, ceux qui la chérissent mangeront de son fruit. » Il a aussi écrit : « Les paroles aimables sont un rayon de miel : doux au palais, salutaire au corps. »

Ce que les autres vous disent ou disent à votre sujet peut avoir beaucoup d'impact. C'est pour cette raison que Bob Torsey, un éminent formateur dans une entreprise de marketing de réseau de premier plan, affirme que chacun d'entre nous a un ego fragile. Il nous rappelle en plaisantant que notre ego est comme une pêche. Si on cogne une pêche, une meurtrissure sera visible quatre heures plus tard. Au cours de notre vie, tant personnelle que professionnelle, nous serons tous meurtris par les autres. C'est un aspect inévitable de la vie dans le monde réel.

Si vous voulez vous enrichir en érigeant une entreprise de marketing de réseau, vous devez vous endurcir suffisamment pour supporter les meurtrissures que vous infligeront les autres. Mais vous devez également vous assurer de ne pas vous automutiler. Quel genre de choses vous dites-vous à vous-même ? Ces pensées et ces paroles vous apportent-elles vie, santé, vigueur et détermination ? Ou est-ce que ce sont des paroles meurtrières qui vous laisseront blessé et découragé ?

Je suis étonné par le nombre d'adultes qui ont acquis suffisamment de maturité pour faire preuve de bonté et de gentillesse envers les autres, mais qui n'ont jamais appris à se parler de la même façon. Ils sont intransigeants envers eux-mêmes, ne s'accordent aucun vote de confiance, ne se permettent aucune marge d'erreur, et espèrent atteindre la perfection dans tout ce qu'ils entreprennent. Porté à l'extrême, ce discours intérieur trop exigeant est improductif. Il empêche les individus de réussir, ou s'ils réussissent, ils n'ont jamais la liberté de jouir de cette réussite.

Vous devez être mentalement aguerri !

Lorsqu'un individu se lance en affaires, il est particulièrement important qu'il soit en mesure de gérer son monologue intérieur, car cela influera sur la façon dont il fera face au stress et aux conflits. Cela aura un impact sur ses réactions devant les revers et les échecs, et cela jouera un rôle sur les comportements qu'il adoptera par rapport à la réussite, la notoriété, le leadership, la liberté d'expression et la gestion. Bref, aucun aspect de son entreprise n'échappera au pouvoir de ce monologue intérieur.

C'est pour cette raison que les individus qui évoluent dans le monde du marketing de réseau doivent apprendre à se blinder mentalement. Ils doivent être capables de ne pas dévier de leur trajectoire et de demeurer résolus, peu importe les circonstances. *Je crois que c'est la facette la plus importante et la plus difficile avec laquelle il faut composer lorsqu'on se lance en affaires, et plus particulièrement dans l'industrie du marketing de réseau.*

Dans ces inévitables moments où les gens sont tentés de céder devant leurs doutes, d'abandonner ou de choisir une solution de facilité, c'est la netteté de leurs pensées et leur endurcissement qui les font aller de l'avant. Cela leur permet de continuer à travailler, à rêver et à croire. Cela leur permet de persévérer et de demeurer enchaînés à leurs rêves et à leurs objectifs. Et enfin, cela leur permet d'ignorer la cacophonie engendrée par ces pensées défaitistes qui leur dictent d'abandonner leurs rêves et d'oublier ce projet absurde, c'est-à-dire la création d'une entreprise prospère dans l'industrie du marketing de réseau.

Cette habileté à entretenir détermination, endurance et confiance a une importance capitale pendant la phase initiale de la création d'une entreprise. C'est le pouvoir d'une idée et l'espoir de réussir qui nous aident à persévérer. Au début, nous n'avons aucune « preuve » tangible à offrir aux autres, ou à nous-même, quant à la réussite future de notre projet. C'est une saison de notre vie où il nous faut aller de l'avant, guidé par notre foi. À mesure qu'ils apprennent à vivre dans le fuseau horaire de l'entrepreneuriat, les gens acceptent cette ambiguïté et finissent même par la trouver excitante. Leur habileté à « voir » l'avenir leur permet de faire confiance au présent.

Mais ceux dont le monologue intérieur est marqué par le doute, la méfiance et la retenue risquent de se convaincre eux-mêmes qu'ils ne sont pas destinés à réussir. Dans le même ordre d'idées, ceux qui souhaitent que la vie soit prévisible, orchestrée et ponctuée d'un minimum d'incertitude seront tentés d'abandonner et de réintégrer leur zone de confort, un mode de vie sans surprise et moins stressant… mais sans espoir de changements, de réussites et de réalisations extraordinaires.

Conseils pour s'aguerrir mentalement

Dans l'univers du marketing de réseau, les hommes et les femmes qui ne dévient pas de leur trajectoire et qui sont mentalement aguerris ont une chose en commun : ils assument cette responsabilité qui est de gérer leur propre esprit. C'est pourquoi la lecture, l'écoute de cassettes audio de qualité et l'association avec des collègues qui partagent leur vision sont donc un mode de vie naturel pour eux. Sachant que les idées ont des conséquences, ils font le nécessaire pour s'assurer que :

1. Leur vision est claire.
2. Leur motivation est grande.
3. Leurs compétences augmentent sans cesse.

Les spécialistes de longue date du marketing de réseau pourront sembler excessivement zélés aux yeux des nouveaux venus. Ils lisent beaucoup, ils écoutent des cassettes audio ou des CD de motivation et ils assistent à de nombreuses réunions. En réalité, ces vétérans comprennent que les rêves, le courage et la motivation doivent être entretenus comme un jardin. Ils savent que l'esprit est le sol dans lequel les pensées ont leurs racines. Et ils sont entièrement dévoués à la protection de ce sol et à la culture de pensées saines. Et au moment de la récolte, un être humain s'est épanoui, une entreprise a grandi et de nombreuses vies ont changé. Cette grande force et cette joie sont des aspects du marketing de réseau qui passent souvent inaperçus.

Et vous ?

Nous avons utilisé de nombreuses descriptions imagées dans ce chapitre. Permettez-moi de revenir brièvement sur certaines d'entre elles :

- *des vases et des contenants qui sont négligés et sous-évalués ;*
- *le doute de soi qui ralentit les gens, comme s'ils conduisaient une voiture dont le frein à main serait actionné ;*
- *des chiens et des gens confinés dans les limites imaginaires de leurs propres perceptions du monde et de la place qu'ils y occupent ;*
- *des croyances enracinées, comme la gelée dans un beignet, qui peuvent influer grandement sur la perception qu'ont les gens de leur valeur et de leur potentiel ;*
- *un avion qui remorque une bannière représentant les pensées qui traversent l'écran de notre esprit ;*
- *des cassettes audio qui émettent en continu, illustrant l'omniprésence de nos croyances, des croyances dont nous n'avons plus conscience ;*
- *des ego qui peuvent être meurtris comme des pêches ;*
- *un sol et des jardins qui doivent être ensemencés et entretenus.*

Considérant votre vie, quelles sont certaines de vos croyances ? D'après vous, quel genre d'endroit est le monde ?

Quelle place croyez-vous occuper dans ce monde ? Croyez-vous avoir le droit d'être un protagoniste dans le jeu de la vie au lieu d'être un simple spectateur ? Croyez-vous pouvoir réussir dans l'industrie du marketing de réseau ? Êtes-vous capable de vous donner la permission de prendre des risques et de vous lancer dans de nouveaux projets, d'atteindre de nouveaux paliers de croissance et d'accomplissement ? Comprenez-vous que le marketing de réseau n'est pas uniquement une invitation à créer une entreprise et une source de revenus, mais aussi une invitation à assumer la responsabilité de votre avenir et de votre vie ?

Pour certains individus, c'est l'occasion de cesser de se vendre à rabais. C'est l'occasion de cesser de se comparer à un « vase évalué à trois dollars ». C'est l'occasion de se libérer des contraintes imposées par leur propre étroitesse d'esprit. C'est l'occasion d'examiner la gelée qui se trouve dans le beignet et de repérer les croyances qui leur ont été inculquées. C'est l'occasion d'écouter la cassette audio de leur esprit. C'est l'occasion de voir les pensées qui traversent sans cesse l'écran de leur esprit.

C'est l'occasion de comprendre que leur esprit est comme un jardin, et qu'ils ont le privilège et la responsabilité de l'entretenir. C'est l'occasion de se donner la permission de penser de leur propre chef. C'est l'occasion de nourrir des pensées qui sont vraies, saines et stimulantes. C'est l'occasion de se percevoir comme des gagnants au jeu de la vie. C'est une occasion qui n'appartient qu'à eux. C'est leur tour. Comme Tiger Woods, il leur faut comprendre qu'ils sont prêts à affronter le monde, et à découvrir ensuite si le monde est prêt à les accueillir.

CHAPITRE 7

COMMENT METTRE DE LA NOUVELLE GELÉE DANS UN VIEUX BEIGNET

J'ai encore une fois posé la même question. Sa sœur et elle l'ont entendue des milliers de fois. Elles sont maintenant lasses du sujet, et lorsque je l'aborde une fois de plus, elles rient et lèvent les yeux au ciel. Mais je leur pose cette question encore et encore.

Cette soirée ne faisait pas exception. J'étais allé border ma fille de 11 ans. Assis sur son lit, blottis l'un contre l'autre, nous avons parlé et fait des blagues. Et puis, au moment de quitter sa chambre, je l'ai regardée droit dans les yeux et j'ai récidivé. Prenant son menton dans ma main, j'ai dit: « Hé! j'ai une question à te poser! Qu'est-ce que c'est que d'avoir 11 ans et d'être aimée par son papa? » Elle a poussé un gros soupir, a souri et répondu comme le ferait n'importe quel enfant de son âge: « C'est agréable, papa. » Sur ce, je lui ai dit que je l'adorais, j'ai posé un baiser sur sa joue et j'ai quitté la pièce.

Pourquoi est-ce que je m'obstine à poser une question que mes filles trouvent lassante? Parce qu'à chaque fois, je mets de la gelée dans leur beignet. J'implante et consolide une croyance qui leur permet de terminer une journée et d'en commencer une autre avec la certitude qu'elles sont aimées. Peu importe notre âge, il est toujours réconfortant de commencer et de terminer une journée avec cette certitude.

Lorsque nous vieillissons, et plus particulièrement lorsque nous érigeons une entreprise de marketing de réseau, la gelée qui se trouve dans notre beignet devient de plus en plus apparente. Nos croyances et nos attentes vis-à-vis de la vie feront surface devant le stress émotionnel qu'entraîne la création d'une entreprise. Certaines de ces croyances contribueront grandement à la croissance de notre entreprise. Et parfois, la gelée qui se trouve à l'intérieur du beignet entravera notre réussite.

Remplacer la gelée

Lorsque les gens commencent à prêter attention à la gelée qui se trouve à l'intérieur du beignet, ils se posent inévitablement ces questions : *« Mais que faire avec ces pensées, ces sentiments, ces croyances et ces comportements qui ne me plaisent pas? Que faire avec ces croyances enracinées dans mon esprit? Comment puis-je changer cette cassette audio que j'entends continuellement? Comment puis-je exercer un contrôle sur ces pensées qui défilent sur l'écran de mon esprit? »*

Mais ce que ces gens veulent vraiment savoir, c'est comment remplacer la gelée qui se trouve à l'intérieur du beignet. Il ne s'agit pas seulement d'enlever la vieille gelée. Il faut en insérer une autre qui soit vraie, saine et stimulante, *car une victoire dans la bataille mentale que nous menons pour réussir dans la vie et dans le monde du marketing de réseau n'est pas attribuable à l'absence de croyances négatives. Cette victoire est attribuable à la présence de croyances fondamentales et d'une façon de penser qui sont vraies, positives et stimulantes.*

Examinons les deux aspects de ce remplacement. Premièrement, nous devons préciser la gelée dont nous ne voulons plus et trouver une manière de la retirer du beignet. Deuxièmement, nous devons découvrir un moyen d'y insérer une nouvelle gelée.

Apprendre à déterminer différents types de gelée

Pour vous aider à reconnaître votre style de raisonnement, je vous recommande d'écouter attentivement le discours des gens qui interagissent avec vous chaque jour. C'est une excellente façon d'apprendre à déterminer les processus mentaux qui ont d'énormes conséquences, même lorsque les pensées semblent être exprimées avec désinvolture.

Ouvrez l'oreille et prêtez attention aux croyances fondamentales et aux processus mentaux que les membres de votre entourage laissent transparaître. Vous serez étonné par ce qu'ils révèlent à propos de leur système de croyances. Vous serez témoin de ce qu'ils pensent, disent et ressentent vis-à-vis d'eux-mêmes et de la vie. Sans même s'en rendre compte, ils vous révéleront quel type de gelée se trouve dans leur beignet. Ils vous permettront d'écouter la cassette audio de leur esprit. Remarquez la fréquence avec laquelle les gens commencent nonchalamment une phrase :

– *Je n'arriverais jamais à faire...*

– *Je n'ai aucun talent pour...*

– *Je ne suis pas très...*

– *Je fais toujours...*

– *Je suis trop...*

– *J'aimerais bien, mais...*

Chacune de ces introductions sera suivie de la gelée qui se trouve dans leur beignet. Vous verrez quelles sont les limites qu'ils s'imposent et les croyances défaitistes qu'ils entretiennent à leur sujet. Ils vous diront qu'ils n'ont « pas assez » de quelque chose ou « trop » d'autre chose. Dans un cas comme dans l'autre, ils vous révéleront leurs croyances fondamentales. Ils laisseront également entendre que leurs croyances fondamentales justifient amplement leur renoncement devant la réussite. Il ne leur vient pas à l'esprit de remettre en question leur façon de penser. Ils ont vécu pendant si longtemps avec ces croyances qu'ils ne les combattent même plus. Ils ont capitulé. Qu'elles soient ou non vraies, raisonnables ou exactes, cela n'a plus d'importance.

Voici quelques-unes des croyances fondamentales que vous pourrez tenter de repérer :

LES CROYANCES « JE NE SUIS PAS »	
– *pas assez intelligent;*	– *pas assez instruit;*
– *pas assez amusant;*	– *pas assez intrépide;*
– *pas assez discipliné;*	– *pas assez confiant;*
– *pas assez tenace;*	– *pas assez talentueux;*
– *pas assez aguerri;*	– *pas assez mûr;*
– *pas expert avec les chiffres;*	– *pas habile avec les détails;*
– *pas un bon leader;*	– *pas un bon orateur;*
– *pas un bon planificateur;*	– *pas un bon motivateur;*
– *pas un bon gestionnaire;*	– *pas une bonne personne.*

Énoncés couramment utilisés par les gens pour se décrire eux-mêmes et pour expliquer pourquoi il est peu probable qu'ils s'aventurent dans un projet ou réussissent.

Personnalisons maintenant cette liste. Parmi ces énoncés, lesquels s'appliquent à ce que vous pensez, ressentez, croyez et dites à propos de vous-même? Ils révèlent les croyances, ou la gelée, qui régissent ce que deviendra votre vie, tant personnelle que professionnelle.

Une fois que vous avez repéré un schéma de pensée négatif, la prochaine étape consiste à déterminer ce que vous voulez faire à cet égard. Il pourra soit continuer à exercer un contrôle sur vous, ou vous pourrez commencer à exercer un contrôle sur lui. Je vous propose de garder à l'esprit certaines des étapes suivantes :

1. Déterminez le type de gelée qui se trouve dans votre beignet. (La croyance que vous voulez changer).
2. Demandez-vous: *«Qui m'a dit ça?»* (Déterminez comment et quand elle a été implantée dans votre esprit).
3. Licenciez quelques vieux conseillers. (Donnez-vous la permission de remettre en question et de changer des croyances malsaines).
4. Mettez une nouvelle gelée dans votre beignet. (Adoptez une nouvelle façon de penser qui est saine, vraie et stimulante).

QUI VOUS A DIT ÇA?

Si j'avais le privilège de me trouver en votre compagnie, nous pourrions commencer à préciser ensemble la gelée qui se trouve dans votre beignet. Nous commencerions par repérer les croyances qui défilent sur l'écran de votre esprit, celles qui vous confèrent la liberté et celles qui deviennent des entraves dans votre vie personnelle et professionnelle.

À un moment donné, lorsque je vous entendrais exposer une croyance fondamentale qui vous limite, je vous demanderais: « Où avez-vous appris à croire une telle chose? Qui vous a dit ça? » Ensemble, nous commencerions à explorer comment et quand cette croyance a été implantée dans votre esprit. Penchons-nous sur quelques exemples pour démontrer comment la gelée est insérée dans le beignet.

Sarah: Elle a grandi dans un foyer où elle et ses frères et sœurs se faisaient constamment dire qu'ils étaient aimés et qu'ils pourraient faire ou devenir tout ce qu'ils voulaient dans la vie. Cette croyance a été renforcée pendant des années. Aujourd'hui, Sarah évolue dans l'industrie du marketing de réseau parce qu'elle est une entrepreneure. Elle adore la liberté que lui apporte cette industrie et elle ne craint ni le succès ni l'échec.

Frank : C'est l'une des personnes les plus talentueuses que je connaisse. Son esprit est fin et il a une remarquable mémoire auditive. C'est également un travailleur acharné et il est merveilleux avec les gens. Toutefois, mon opinion importe peu, car Frank n'a pas cette perception de lui-même.

Quel type de gelée y a-t-il dans son beignet ? Que contient la cassette audio de son esprit ? Il ne cesse d'entendre ce que son père lui répétait sans cesse il y a de nombreuses années : « Si tu n'obtiens pas de meilleurs résultats à l'école, tu te retrouveras avec une pelle à la main, en train de creuser des fossés. »

Son père, qui était cependant rempli de bonnes intentions, tentait de le motiver au moyen de la peur et de la honte. Malheureusement, Frank souffrait de dyslexie, un trouble qui n'a pas été décelé en classe. Ces messages répétitifs axés sur la peur et la honte ne pouvaient pas régler son problème visuel et perceptuel. Ironiquement, Frank conduit aujourd'hui un engin de terrassement. Ce n'est rien de plus qu'une grosse pelle très coûteuse.

Son père aimant a bien malgré lui creusé le trou où il ne voulait pas que tombe son fils. Il a implanté dans son esprit une croyance qui est finalement devenue une réalité. Mais ce qui est excitant, c'est que Frank travaille actuellement à la création d'une entreprise de marketing de réseau. Il se donne la permission d'ignorer ce que diffuse sa cassette audio. Au lieu de quoi, il ose rêver, il est prêt à travailler dur et à changer sa vie.

LICENCIEZ QUELQUES VIEUX CONSEILLERS

Le fait de déterminer de quel type de gelée il s'agit est l'étape la plus facile. La tâche la plus exigeante consiste à surmonter les croyances négatives de manière à ce qu'elles ne régissent plus notre vie. C'est assumer la responsabilité des pensées qui défilent sur l'écran de notre esprit. C'est prendre le contrôle du lecteur de cassettes audio et choisir ce que nous écouterons. C'est se nommer maître pâtissier et préparer la gelée que nous accepterons d'insérer dans notre beignet. C'est nous donner la permission d'explorer nos croyances. Comme David qui met Goliath au défi, c'est une occasion de terrasser ces croyances et ces comportements qui nous garderont captifs si nous ne les affrontons pas.

Nous devons parfois « licencier de vieux conseillers ». Nous devons écarter certaines personnes qui ont trop de pouvoir sur nous. Il peut s'agir d'un ami, d'un collègue, d'un conjoint, d'un frère ou d'une sœur, d'un parent, d'un professeur, d'un accompagnateur, etc. Ces conseillers peuvent parfois être décédés depuis longtemps. Il se peut qu'ils habitent tous près ou à l'autre bout du monde. Mais ils ont tous injecté une croyance négative dans votre esprit, une croyance qui interfère actuellement avec votre habileté à vous réaliser pleinement. Voici quelques exemples pour vous aider à bien comprendre.

Jim : Nous sommes amis depuis 20 ans. J'ai connu Jim au collège où il était premier de classe. Après l'obtention de son diplôme, il a trouvé un emploi chez IBM, et ensuite dans une autre entreprise d'informatique. Quoi qu'il entreprenne, il est une star du rendement et devient toujours le meilleur dans son domaine. Tout le monde l'admire et reconnaît son talent prodigieux, son acharnement au travail et son succès bien mérité. Tout le monde sauf lui. Il n'a jamais savouré ses réussites. Il a toujours trouvé des failles dans son rendement. Il est toujours déçu de lui-même.

Un jour, devant une tasse de café, j'ai demandé à Jim comment il parvenait si bien à se sentir si mal. Comment avait-il développé l'habitude de travailler si dur pour ensuite être déçu devant des résultats extraordinaires ? Pour son bien, je voulais savoir comment la gelée avait été implantée dans son beignet. Je voulais savoir quand et comment il avait adopté cette croyance selon laquelle il serait perpétuellement déçu. Je lui ai demandé : *« Qui t'a dit ça ? »*

Jim m'a alors raconté qu'il était un nageur exceptionnellement doué lorsqu'il était enfant. Pendant des années, il avait été plus grand et plus fort que tous ses adversaires. Il faisait de la compétition et il avait établi de nombreux records locaux et d'État. Tout le monde supposait que Jim était destiné à devenir nageur olympique. Mais à la fin de ses études secondaires, il n'était plus le plus grand ni le plus fort. Certains de ses adversaires pouvaient maintenant se mesurer à lui. Il était très bon, mais il n'était plus le meilleur.

Un jour, pendant une période d'entraînement, Jim est sorti de la piscine. Alors qu'il levait les yeux, il a vu que son entraîneur se tenait droit devant lui. Il avait les bras croisés sur la poitrine et secouait la tête de droite à gauche en regardant Jim avec dégoût. Finalement, il avait dit : « Je ne comprends pas. Je ne sais pas comment une personne aussi douée peut obtenir d'aussi piètres résultats ! »

> *BANG!* La gelée venait d'être injectée dans son beignet. C'est à ce moment-là que l'entraîneur, en position d'autorité, avait installé une croyance fondamentale dans l'esprit de Jim. Il avait chargé le lecteur de cassettes audio avec un message qui l'a emporté sur tout ce que Jim pensait, faisait ou entendait de la bouche d'autrui. Le message était clair: « Tu n'es rien d'autre qu'une immense source de déception. »
>
> Jim a mis le doigt sur la croyance fondamentale avec laquelle il vivait. Il s'est aussi donné la permission de ne plus laisser le commentaire de son entraîneur influer sur sa vie. Il a appris à régler le volume du lecteur de cassettes audio et à intercepter cette pensée douloureuse lorsqu'elle lui traverse l'esprit. Bref, il a licencié son entraîneur. Il lui a retiré le pouvoir d'exercer l'influence négative dont il avait été victime pendant des années. Aujourd'hui, Jim est toujours exceptionnellement productif et prospère. La différence, c'est qu'il est maintenant libre de jouir de son succès.

Il est crucial que vous établissiez vos croyances fondamentales et que vous vous donniez la permission de remettre en question les croyances toxiques ou les gens qui vous empêchent de croire en vous. En évitant de le faire, de nombreuses personnes ne pénètrent jamais dans le cercle des gagnants du marketing de réseau. Ou cela les empêche de jouir de leurs réalisations.

J'ai passé des milliers d'heures auprès de sénateurs, de congressistes, de généraux, d'amiraux, d'athlètes de calibre mondial et de dirigeants d'entreprises qui étaient incapables de reconnaître à leur juste valeur leurs grandes réalisations parce qu'ils n'avaient jamais appris à explorer leurs croyances fondamentales biaisées, à les remettre en question, et à les changer. La gelée toxique qui se trouvait dans leur beignet leur enlevait toute joie de vivre, et la situation n'a changé que lorsqu'ils ont appris à remplacer cette gelée.

COMMENT REMPLACER LA GELÉE DANS UN BEIGNET

Certains d'entre vous pensent peut-être : « Tom, je sais quelles sont mes croyances fondamentales ! Je sais lesquelles sont saines et lesquelles ne le sont pas. Je sais comment elles ont été implantées dans mon esprit ! Et je veux les remettre en question et les changer ! Mais j'éprouve certaines difficultés. Pouvez-vous expliquer ça ? »

Pour certaines personnes, la réponse à cette question se trouve dans le fait qu'elles ont uniquement appris comment leurs croyances ont été « injectées » dans leur esprit. Mais elles ne savent pas comment les « éjecter ». De plus, elles ne savent pas par quoi remplacer leurs croyances négatives et leurs schémas de pensée. C'est comme savoir comment insérer une cassette dans un lecteur, mais ignorer comment l'en retirer. Et, si vous la retirez, c'est comme ne pas avoir sous la main une nouvelle cassette pour la remplacer.

C'est pour cette raison que j'ai dit plus tôt que « la victoire dans la bataille mentale que nous menons pour réussir dans la vie et dans le monde du marketing de réseau n'est pas attribuable à l'absence de croyances négatives. Cette victoire est attribuable à la présence de croyances fondamentales et d'une façon de penser qui sont vraies, positives et stimulantes. »

Alors, comment faire pour éjecter de notre esprit des croyances fondamentales malsaines et des schémas de pensée biaisés ? J'aimerais pouvoir répondre à cette question sans vous ennuyer avec des considérations propres à la neuropsychologie et à la connaissance. Au lieu de quoi, j'aurai recours à deux descriptions imagées : un projecteur de diapositives et une télécommande de téléviseur. Ces descriptions imagées sont fondées sur l'hypothèse selon laquelle l'individu ne souffre pas d'un déséquilibre biochimique qui rend la gestion des pensées et des émotions beaucoup plus difficile en l'absence d'une alimentation ou d'une médication appropriées.

Le projecteur de diapositives

Pour présenter un diaporama, il suffit d'avoir un projecteur, des diapositives et une manette de contrôle actionnant l'éjection et l'insertion de celles-ci. Notre esprit fonctionne de la même façon. On peut comparer notre esprit au projecteur. Les pensées sont les diapositives et les images qui défilent sur l'écran de notre esprit, et la manette de contrôle est notre habileté à prendre des décisions. Le projecteur ne peut montrer qu'une diapositive à la fois, même si le carrousel peut en contenir des centaines. Notre esprit fonctionne également ainsi. Une seule pensée ou image à la fois peut être mise en évidence sur l'écran de notre esprit.

Heureusement, c'est nous qui orchestrons notre propre diaporama. C'est nous qui déterminons quelles pensées ou images seront projetées sur l'écran de notre esprit. Et c'est également nous qui déterminons la durée d'exposition de chacune d'entre elles.

Vous rappelez-vous avoir déjà été invité par quelqu'un à visionner « quelques diapositives » d'un événement familial ou de vacances ? Pour ma part, je tente instantanément d'évaluer le nombre de diapositives, la durée de la projection et des explications accompagnant chaque image. Je veux savoir combien de temps durera ce « privilège ». Je me dis : *« Voyons, 60 diapositives avec, en moyenne, 50 secondes d'explications pour chacune d'elles... Oh, non ! Je crois qu'il vaudrait mieux que je prenne une tasse de café. »* Je me sens coincé parce que je ne peux exercer aucun contrôle sur les diapositives qui seront projetées sur l'écran et sur leur durée d'exposition.

« Le succès découle de croyances fondamentales et d'une façon de penser qui sont vraies, positives et stimulantes. »

Fait curieux, certains individus vivent avec le sentiment d'être à la merci d'un diaporama orchestré par quelqu'un d'autre. Ils ignorent comment maîtriser leurs pensées, ainsi que les images et les sentiments qui y sont associés pendant qu'ils défilent sur l'écran de leur esprit. Il ne leur vient pas à l'idée que le projecteur, les diapositives et la manette de contrôle n'appartiennent qu'à eux. Ils ont le choix et la responsabilité de déterminer ce qu'ils visionnent.

Ces individus me rappellent l'un de mes amis. Récemment, j'ai emprunté son projecteur de diapositives pour faire une présentation. Après lui avoir rendu son appareil, j'ai reçu un appel. Il me disait que la manette de contrôle et son cordon de six mètres étaient manquants. Mal à l'aise, je lui ai dit que je serais heureux de lui procurer une autre manette. Plusieurs semaines plus tard, nous avons retrouvé la manette et son cordon. Ils se trouvaient dans un compartiment latéral du projecteur, dans cet espace de rangement qui leur était réservé. Ils n'étaient pas visibles, mais ils avaient été là pendant tout ce temps.

Certaines personnes vivent comme si la manette de contrôle du projecteur de diapositives de leur esprit avait été placée au mauvais endroit. Des pensées, des images, des souvenirs ou des craintes défilent sur l'écran, et elles se sentent impuissantes, car elles ne peuvent ni les dominer ni les changer. Elles ignorent où se trouve la manette de contrôle. Elles ne réalisent pas qu'elles ont le pouvoir d'orchestrer leurs pensées, qu'elles peuvent les éjecter du projecteur et en insérer de meilleures.

Par conséquent, plutôt que d'exercer un contrôle sur les images qui défilent dans leur esprit, elles se laissent contrôler par celles-ci. Elles se trouvent à la merci de ces images et de toutes les pensées et émotions qui y sont associées. Et tout ça, parce qu'elles n'ont jamais appris à maîtriser l'art d'orchestrer leurs propres diaporamas. Elles ont toujours ignoré qu'elles avaient le pouvoir de retirer les diapositives négatives et de les remplacer par d'autres, positives et plus utiles.

Afin de démontrer comment exercer un contrôle sur ces images ou les changer, passons à une autre description imagée. Empruntons maintenant la télécommande de notre téléviseur et de notre lecteur de cassettes vidéo. De fait, si vous avez une télécommande à proximité, il pourrait être utile d'aller la chercher avant de lire la section qui suit.

La toute-puissance de la télécommande

Vous connaissez sans doute cette blague au sujet de la règle d'or : celui ou celle qui détient l'or… règle tout. De nos jours, c'est la norme dans de nombreux foyers. Celui ou celle qui manie la télécommande règle tout.

Mais qu'y a-t-il de si amusant à manier une télécommande ? Cela donne à l'individu l'impression de faire la pluie et le beau temps. Il devient le maître de l'univers, et c'est lui qui décide de ce qui reste et de ce qui doit être effacé. Pourquoi ne pas emprunter cette analogie et exercer un contrôle sur notre vie et nos pensées ? C'est là que résident le véritable pouvoir et la maîtrise absolue. Terminées, les illusions temporaires.

Examinez votre télécommande. Quelles touches de contrôle remarquez-vous ? Voici celles qui nous seront utiles :

pouvoir	canal	volume	pause	éjection
arrêt	rebobinage	jeu	avance rapide	sourdine

Quel menu riche en options ! Et nous avons les mêmes options en ce qui a trait à nos pensées. En sachant les utiliser, nous pouvons changer notre vie, tant personnelle que professionnelle. Une utilisation adéquate de la télécommande permet à l'individu de demeurer motivé, confiant et tenace lorsqu'il s'agit de faire grandir son entreprise. Il gagne en endurance, et le succès est alors à sa portée.

Voici comment cela fonctionne. Choisissez une croyance négative que vous souhaitez changer, et posez-vous quelques questions à ce propos. Ne vous dérobez pas. Donnez-vous la permission de la comprendre. Commencez à l'étudier. Devenez-en un expert. Demandez-vous :

– *Quelle croyance négative précise est-ce que je souhaite changer ?*

– *Pourquoi est-il important que je le fasse ?*

– *Qu'arrivera-t-il si je ne la remets pas en question ?*

– *Avec quoi aimerais-je remplacer cette croyance ?*

– *Combien de temps ai-je vécu avec cette croyance ?*

– *Est-ce que je sais quand et comment elle a été implantée dans mon esprit ?*

– *Cette croyance a-t-elle été implantée en une fraction de seconde ? (Rappelez-vous Jim et son entraîneur).*

– *Cette croyance a-t-elle été insérée dans mon esprit petit à petit, à répétition, jusqu'à ce qu'elle devienne empoisonnée ? (Rappelez-vous le père de Frank et ses exhortations à la peur).*

– *Lorsque cette croyance négative envahit mon esprit, est-elle surtout visuelle ou auditive ? Est-ce que je la vois ou est-ce que je l'entends ? Est-ce le son ou l'image qui m'influence le plus ?*

– *Si elle est auditive, est-elle forte et envahissante, comme diffusée par un système numérisé Dolby? Ou est-elle insidieuse, comme le sifflement d'un serpent sur le point d'attaquer?*

Après avoir répondu à certaines de ces questions préliminaires, donnez-vous la permission de déterminer ce qu'il est acceptable de présenter sur la scène du théâtre de votre esprit. Devenez le metteur en scène. Devenez votre propre patron. Si vous estimez qu'un élément défilant sur l'écran de votre esprit est malsain et inapproprié, alors changez-le. Rien ne vous oblige à demeurer le spectateur passif d'une représentation qui vous déplaît.

Saisissez la télécommande et devenez le maître de l'univers. Apprenez à effacer ces images dont vous ne voulez pas. Changez de canal. Éjectez la cassette vidéo. Si vous êtes à l'écoute de pensées qui détruisent votre joie de vivre et votre confiance, alors appuyez sur « sourdine » ! Baissez le volume. Si vous avez besoin d'une minute pour déterminer ce que vous voulez faire, alors appuyez sur « pause ». Si la programmation ne vous intéresse pas, alors appuyez sur « arrêt ». Éteignez. Le choix vous appartient. Vous êtes maintenant en mesure de déterminer ce qui est acceptable de projeter sur l'écran de votre esprit.

INSÉRER DE NOUVELLES CASSETTES DANS LE MAGNÉTOSCOPE

Lorsqu'il s'agit de gérer notre esprit, la capacité de baisser le volume d'une cassette audio devient un outil puissant. Et il est très utile de savoir comment éjecter les images négatives qui défilent dans notre tête. Cependant, il est également nécessaire de les remplacer par d'autres images. Lorsque vous cessez de visionner une diapositive ou une cassette vidéo, il faut la remplacer par une autre. De même, vous ne voulez pas uniquement baisser le volume lorsque défile une cassette négative. Vous voulez carrément la remplacer par une nouvelle série d'images qui sont vraies, saines et stimulantes.

Le but est de changer la gelée qui se trouve dans le beignet. Vous voulez que vos croyances fondamentales et vos schémas de pensée soient vrais et stimulants. Vous voulez avoir une mentalité qui instille confiance et vision. Vous voulez savoir que vous avez ce qu'il faut pour devenir un protagoniste dans le jeu de la vie et dans le monde du marketing de réseau. Vous voulez que les cassettes, les images et les vidéos qui défilent sur l'écran de votre esprit soient ceux d'un gagnant. Ainsi, lorsque vous serez assailli par le doute en érigeant votre entreprise, vous pourrez aller de l'avant, travailler, construire et croire. Vous resterez résolu et imperturbable tout en vous affairant à transformer vos rêves en réalité.

Des répétitions générales de votre avenir

Il existe de nombreux moyens de créer de nouvelles cassettes et images dans notre esprit. Par exemple, vous pouvez recourir à tous vos sens (vue, ouïe, odorat, toucher et goût) lorsque vous visualisez une réussite future. Vous pouvez vous exercer mentalement à prononcer le discours que vous ferez à l'occasion de la réception d'un prix, de l'encaissement d'un chèque, d'un achat, d'un don que vous verserez à un organisme de bienfaisance, etc. Il y a une place pour tout ça dans votre esprit. Ces répétitions sont utiles, car elles font surgir en vous des émotions fortes et positives en association avec les images que vous sélectionnez.

De fait, ces images vous permettent d'éprouver dans le présent le sentiment de bien-être qui accompagnera une réussite future. On les appelle des « répétitions générales ». Et vous savez déjà comment vous y prendre. Des millions de gens sont passés maîtres dans l'art de vivre dans une fenêtre de temps que nous appelons le présent, tout en ressentant déjà des émotions qu'ils anticipent. Malheureusement, ils n'utilisent pas ce talent à leur avantage, ce qui se traduit communément par de l'anxiété, de l'inquiétude ou de la crainte.

Ils se donnent un avant-goût de l'avenir qu'ils imaginent. Ils se représentent les pires situations en couleurs et avec beaucoup de détails. Steven Spielberg a l'air d'un amateur si l'on compare ses œuvres aux films que ces individus tournent dans leur tête. Visionnés de façon répétitive, ces films obtiennent l'effet désiré. Ils donnent une peur bleue au spectateur.

Imaginez que ce même talent soit mis au profit de la réalisation de films relatant de futurs exploits : ténacité, dur labeur, contournement d'obstacles, réussites et victoires. Nous avons enfin un film qu'il vaut la peine de regarder ! Créez vos propres images et des films qui vous inspirent, et projetez-les sur l'écran de votre esprit. Je vous suggère alors de vous installer confortablement, de préparer du maïs soufflé et de vous munir de la télécommande. Appuyez sur « jeu », montez le volume et jouissez du spectacle.

Créez des vidéos sur ce que vous êtes... déjà

Lorsque les gens passent en revue les cassettes et les vidéos que renferme leur esprit, ils n'en trouvent pas beaucoup qui sont positives. Ils n'ont pas de souvenirs d'un parent qui les borde et qui leur dit: « Je t'aime, tu es unique et je crois en toi. » La gelée qui se trouve dans leur beignet n'est pas aussi sucrée. Que devraient-ils faire? Tout en proposant, remettant en question et changeant les vieux rubans qui sont erronés, je leur suggère de prendre dès maintenant conscience de quelques autres réalités qui sont vraies, saines et stimulantes. Et cela, même si ces réalités ne font pas partie de leur monde ou qu'ils ne les acceptent pas.

J'ai commencé ce chapitre en vous parlant de certaines des croyances et des images que je souhaite que mes filles voient défiler sur l'écran de leur esprit. Puis-je vous conseiller de faire de même? Peut-être n'aurez-vous qu'à utiliser une cassette ou une vidéo que vous n'aviez encore jamais visionnée ou prise au sérieux.

Je n'ai pas été le premier à avoir l'idée de dire à mes enfants que je les aime. Je l'ai empruntée au « livre d'histoires » d'un autre père. Il est sans aucun doute possible un bien meilleur père que moi. C'est un maître pâtissier lorsqu'il s'agit d'injecter avec élégance une bonne gelée dans un beignet. Voici ce que le père a dit un jour, alors qu'il parlait de son fils. Il a déclaré en sa présence: « Celui-ci est mon fils bien-aimé, en qui j'ai mis toute mon affection. Écoutez-le. »

Examinons maintenant la gelée qu'il a injectée dans le beignet et les croyances qu'il a enregistrées au moyen de ces deux petites phrases. Elles sont remplies de sagesse.

– « Celui-ci est MON FILS bien-aimé. » Ici, deux mots suffisent à définir parfaitement la position, la place, le statut et l'identité de l'enfant. Tu es MON ENFANT. Ne t'inquiète jamais de ta place dans le monde.

– « Celui-ci est mon fils BIEN-AIMÉ. » En utilisant cet adjectif, il précise les sentiments qu'il éprouve pour son enfant. Tu es AIMÉ. Ne t'inquiète jamais de ce que je pense et ressens pour toi.

– « En qui j'ai mis toute mon AFFECTION. » En un mot, il offre à tout jamais la liberté à son enfant. Il lui signifie qu'il jouit déjà de l'entière APPROBATION de son père. Il lui dit qu'il peut jouir de la vie sans avoir à chercher cette approbation.

Certains d'entre vous savent à quel point je connais bien ce livre d'histoires. Il s'agit de la Bible, et celui qui parle n'est autre que le Père céleste. Certains d'entre vous se demanderont peut-être quel est le lien entre ces propos et leur réussite dans le monde du marketing de réseau. C'est une question justifiée.

« Vous voulez que les cassettes, les images et les vidéos qui défilent sur l'écran de votre esprit soient ceux d'un gagnant. »

Il ne fait aucun doute que la gelée qui se trouve dans votre beignet deviendra apparente lorsque vous érigerez votre entreprise. Les croyances que vous avez au sujet de la vie, des autres et de vous-même feront surface. Votre capacité à entretenir une vision entrepreneuriale, un but précis et une discipline quotidienne sera mise à l'épreuve. Il y aura des moments où vous vous sentirez seul. Les membres de votre entourage ne comprendront pas ce que vous faites ou pourquoi vous le faites, ou bien cela les laissera indifférents.

Vous devrez vous soumettre à une courbe d'apprentissage dans la gestion de votre entreprise, de votre équipe et de votre croissance personnelle. C'est une façon élégante de dire que vous ferez de nombreuses erreurs en cours de route. Tout au long de ce parcours, il est utile d'avoir dans votre beignet une gelée qui vous conférera souplesse, confiance et résistance. Et le fait de savoir que votre Père céleste vous aime facilitera les choses.

Il est extrêmement libérateur de commencer chaque journée avec des cassettes audio et des vidéos qui vous rappellent que vous êtes déjà une personne pleine de dignité, profondément aimée et respectée. Ce matériel vous rappelle que vous n'avez rien à prouver aujourd'hui, mais plutôt que vous avez tout à apprécier. Lorsque ces pensées deviendront des croyances fondamentales, elles auront une merveilleuse influence sur la façon dont vous créerez, développerez et gérerez votre entreprise. Vous serez ainsi mieux outillé pour vous rapprocher chaque jour de la concrétisation de vos rêves.

Il faut injecter un peu de réalité dans le beignet

Tout au long de ce chapitre, nous avons utilisé des descriptions imagées qui sont faciles à comprendre. Ce sont de simples illustrations. Mais la simplicité n'est pas synonyme de facilité. Le processus entourant l'identification, la remise en question et la modification de nos croyances fondamentales et de nos schémas de pensée exige beaucoup d'efforts. Mais il vaut la peine de s'y engager, tout comme dans la création d'une entreprise de marketing de réseau.

Au bout du compte, l'aspect le plus stimulant de la gestion de votre entreprise sera la gestion de votre esprit. C'est pour cette raison que les individus qui réussissent le mieux dans l'univers du marketing de réseau accordent tant d'importance à cette gestion. Ils comprennent le proverbe suivant: «Tel l'homme pense en son cœur, tel il est.» Par conséquent, ils se mettent régulièrement dans des situations qui les obligent à renouveler leur esprit, à raviver leur vision et à renforcer leur volonté. C'est pourquoi ils sont de grands amateurs de lecture et de cassettes audio, et qu'ils s'associent avec des individus positifs. Ils développent sans relâche une mentalité qui les prépare à la victoire.

Choisissez la gelée que vous injecterez dans votre beignet comme si votre vie et votre avenir en dépendaient. Car c'est le cas.

CHAPITRE 8

JE SERAI LE CHAUFFEUR DÉSIGNÉ

Peut-être êtes-vous comme moi. Je suis fasciné par les plaques minéralogiques que les gens choisissent parfois d'installer sur leur voiture. Avec seulement quelques lettres ou quelques chiffres, ils tentent de transmettre un message qu'ils jugent significatif. Récemment, j'ai vu quelques plaques que j'ai adorées :

XPCT2WN **1GR8DAY***

Quels merveilleux messages. Imaginez que vous vous levez chaque matin avec une telle attitude : VOUS VOUS ATTENDEZ À GAGNER ! Qu'il est extraordinaire de vivre avec l'idée que CETTE JOURNÉE EST FANTASTIQUE ! Heureux d'être vivant, on se sent prêt à sauter dans l'arène

---

* Note de la traductrice. XPCT2WN : Expect To Win (Attendez-vous à réussir). 1GR8DAY : One Great Day (Une journée fantastique).

de la vie plutôt que de se traîner tout au long d'une autre journée. C'est une merveilleuse façon de vivre. Dans sa chanson intitulée *« One Moment In Time »*, Whitney Houston a su rendre cette même attitude d'attente positive et cette façon de vivre pleinement chaque nouvelle journée. Remarquez comme les paroles éveillent en nous ce désir inhérent que nous avons tous d'être « meilleurs que dans nos rêves ».

Chaque jour que je vis, je veux que ce soit
Un jour où je donne le meilleur de moi-même.
Je ne suis qu'une, mais je ne suis pas seule ;
Mon plus beau jour est encore à venir.

J'ai souffert pour chaque victoire
Pour goûter à la douceur, j'ai connu la douleur ;
Je me lève et je tombe, et malgré tout
La vie continue.

Je veux connaître un moment
Où je serai meilleure que dans mes rêves,
Où mes espoirs seront à portée de main,
Et les réponses dépendront de moi.

Donne-moi un moment
Où je pourrai courir vers mon destin
Alors à ce moment-là,
Je pourrai sentir l'éternité.

Je vis pour être la meilleure ;
Je veux tout, ne pas me contenter de moins.
J'ai planifié mes objectifs, maintenant la chance repose
Là dans mes mains.

Je veux connaître un moment
Où je serai meilleure que dans mes rêves
Où mes espoirs seront à portée de main
Et les réponses dépendront de moi.

Donne-moi un moment
Où je pourrai courir vers mon destin
Alors à ce moment-là,
Je pourrai sentir l'éternité.

Tu es une gagnante
Et ce, pour toujours
Si tu saisis ce moment qui se présente
Alors, profites-en.

Je veux connaître un moment
Où je serai meilleure que dans mes rêves
Où mes espoirs seront à portée de main
Et les réponses dépendront de moi.

Donne-moi un moment
Où je pourrai courir vers mon destin
Alors à ce moment-là,
Je serai libre.

Une chanson comme celle-ci peut éveiller quelque chose dans notre âme et allumer un désir d'accomplissement personnel et de fierté. Les chansons peuvent nous amener à croire que le meilleur est encore à venir. Les mots nous rappellent que nous souhaitons encore vivre avec courage et abandon ; ils nous invitent à quitter notre siège de spectateur et à nous lancer dans l'arène de la vie. Nous pouvons alors tout mettre en jeu, faire nos preuves, parfaire nos compétences et utiliser nos points forts. Nous pouvons connaître la joie de participer activement à la vie et en sortir gagnant.

Pour la majorité des gens, ce désir et cette inspiration prennent fin en même temps que la chanson. Cela s'explique par le fait que ce bref élan d'inspiration n'est pas étayé par des pensées qui sont tout aussi inspirantes. Mais pour d'autres, l'inspiration se transforme en aspiration. Pour ces heureux individus, des sentiments forts et positifs sont jumelés à des pensées d'une force égale. De cette fusion émerge une volonté qui se traduit ensuite en gestes qui peuvent transformer une vie.

Un lien avec le marketing de réseau

Pour de nombreuses personnes, leur association avec une entreprise de marketing de réseau est la preuve tangible qu'ils sont animés du courageux désir de changer leur vie. C'est pourquoi j'ai un profond respect pour les gens qui évoluent dans cette industrie. Ils prennent le risque d'adopter de nouveaux comportements, ils tentent d'accomplir des choses nouvelles, et ils s'efforcent de s'approprier les sentiments, les pensées et les comportements qui seront le reflet d'une journée fantastique. Ils s'attendent à gagner, et c'est pour eux l'occasion de s'élever plus haut qu'ils n'ont jamais osé le faire.

Bref, ils assument la responsabilité de leur propre vie. Ils veulent exercer un certain contrôle sur leur avenir, et c'est pour cette raison qu'ils ont décidé de devenir le PDG de leur propre vie.

« MERCI, MAIS JE CONDUIRAI MA PROPRE VOITURE »

Avez-vous remarqué la campagne publicitaire qui encourage les gens à désigner un chauffeur lorsqu'ils prennent un verre entre amis ? Il est parfois raisonnable de confier à quelqu'un d'autre la responsabilité de notre sécurité. C'est alors faire preuve de maturité que de céder son droit de conduire une voiture. Sagement, ces individus confient à un tiers leur autorité et leur pouvoir.

D'un autre côté, je vois très souvent des gens parfaitement maîtres d'eux-mêmes accepter que d'autres soient leurs chauffeurs désignés. Cela m'étonne toujours. Et je ne parle pas seulement de leur voiture, mais aussi d'autres aspects importants de leur vie. Ils remettent entre les mains d'un tiers leur autorité, leur pouvoir, leurs décisions, ou le contrôle, lui permettant ainsi d'exercer une influence excessive sur leur vie. *Ils permettent généralement à quelqu'un d'autre de prendre des décisions à leur place. Même s'ils devaient vivre avec les conséquences de ces décisions, ils continuent de déléguer leur pouvoir.*

Voyons si vous reconnaissez les types de comportement suivants :

Michael : En entrant au collège, il « décide » de choisir une matière principale qui fait la fierté de ses parents. Malheureusement, ce domaine d'étude ne lui convient pas et il est malheureux. Il a cédé son pouvoir, et il doit maintenant en subir les conséquences.

Debbie : Elle a « décidé » d'épouser un homme que son père considère comme un bon parti. Malheureusement, ils sont mal assortis. Elle a cédé son pouvoir et maintenant c'est elle, et non son père, qui en subit les conséquences.

John : Il a « décidé » de ne pas quitter son emploi « parce qu'on a besoin de lui ». Malheureusement, il est sous-payé et son travail est une source de frustration sans cesse croissante. Il a cédé son pouvoir et il doit maintenant en subir les conséquences.

Chip et Lisa : Ils ont « décidé » de ne pas s'engager dans le monde du marketing de réseau parce qu'ils ne sont pas certains de ce qu'en penseront leurs amis. Malheureusement, ils avaient besoin d'un revenu supplémentaire et ils sont maintenant aux prises avec de sérieuses contraintes financières. Ils ont cédé leur pouvoir et ils en subissent maintenant les conséquences.

De nombreux individus se lancent dans l'industrie du marketing de réseau parce qu'ils ont l'habitude d'être leur propre chauffeur désigné. Ils se sentent à l'aise lorsqu'il s'agit de prendre des décisions au sujet de l'orientation et de la gestion de leur vie. Ils accordent de la valeur aux conseils et aux opinions d'autrui, mais ils acceptent joyeusement d'assumer la responsabilité de leurs choix dans la vie. Pour eux, le marketing de réseau est l'environnement idéal où ils pourront créer et gérer leur entreprise, travailler à la réalisation de leurs rêves, optimiser leur temps et fixer leurs propres buts financiers. Ils ne pourraient pas le faire autrement.

Si vous faites partie de ce groupe d'individus, réjouissez-vous. Assurez-vous également de demeurer sensibles à ce que vivent ceux qui songent à se lancer dans le marketing de réseau. Pour certains, se donner la permission de rêver est une chose nouvelle. Reconnaître qu'ils veulent changer leur vie peut également être une expérience toute neuve. Tout comme oser croire en leur potentiel et en leurs habiletés, et oser se donner la permission d'apprendre et d'échouer tout en rêvant de réussir. Il se peut qu'ils aient depuis longtemps oublié ce qu'est l'espoir, l'optimisme et la fierté. Et cette décision d'assumer la responsabilité de leur avenir peut être à la fois excitante et effrayante pour eux. Ces gens méritent notre plus grand respect, un fidèle soutien et la meilleure des formations. Ils ne tentent pas simplement de se lancer en affaires, ils tentent de se lancer dans une nouvelle vie.

LA RÉALITÉ EN TANT QUE FACTEUR DE MOTIVATION

Un aspect important du leadership et de la gestion consiste à savoir quoi dire, quand le dire et comment le dire. Dans le cadre de mon travail auprès des gens, il y a des occasions où la meilleure chose à faire est d'injecter une certaine dose de réalité dans leur esprit. C'est la seule façon de motiver suffisamment certaines personnes pour qu'elles entreprennent quelque chose ou qu'elles persévèrent dans ce qu'elles ont entrepris. Voici deux réalités qu'il m'arrive d'exposer lorsque je m'adresse à un groupe ou à un individu.

1. Les autres ne se soucient pas que vous demeuriez sans le sou.

2. Vous devrez soit affronter la peur de vous engager dans le marketing de réseau, soit affronter la peur de ne pas vous y engager.

De tels propos pourront vous sembler rudes. Mais ils sont très libérateurs pour celui qui en saisit la portée. Examinons maintenant chacun de ces énoncés.

RÉALITÉ Nº 1 : LES AUTRES NE SE SOUCIENT PAS QUE VOUS DEMEURIEZ SANS LE SOU

Dans le cadre de mon travail, je rencontre régulièrement des professionnels qui sont aux prises avec de sérieuses difficultés financières. Qu'ils soient sénateurs, congressistes, médecins, avocats ou cadres supérieurs, le dilemme est le même pour ces hommes et ces femmes. Ils sont sans le sou. Ils dépensent plus d'argent qu'ils n'en gagnent. Et le fardeau de ce stress économique leur enlève toute joie de vivre.

Lorsqu'on leur parle de l'occasion que représente le marketing de réseau, certains d'entre eux se montrent très intéressés. Leur bon sens leur dit que c'est là une façon efficace et d'un fonctionnement sûr de brasser des affaires. Leur expérience et leurs émotions leur disent qu'ils pourraient réussir dans cette industrie, et que cela réglerait tous leurs problèmes financiers.

Mais c'est alors que leur fierté ou leur insécurité vient les freiner. Dans leur esprit, le lecteur de cassettes se met en marche. Ils commencent à imaginer la réaction de leurs amis. Ils se demandent si ces derniers s'apercevront qu'ils éprouvent des difficultés financières. Ou encore s'ils supposent qu'ils sont tombés dans un piège qui ressemble dangereusement à une organisation de vente pyramidale. Ils ne pensent même pas que leurs amis pourraient admirer leur sens des affaires, leur esprit d'entreprise et leur énergie.

Craignant la réaction de leurs amis, ils décident de décliner cette invitation à pénétrer dans le monde du marketing de réseau. Ce faisant, ils ne font que céder leur pouvoir à leurs amis. Ils prennent une décision capitale à propos de leur vie en se fondant uniquement sur une hypothèse. Sans le savoir, ils nomment leurs amis au poste de chauffeurs désignés de leur vie. De plus, en agissant ainsi, c'est leur image sociale qu'ils gèrent au lieu de résoudre leurs problèmes ou de viser la concrétisation de leurs rêves.

Lorsque je vois quelqu'un prendre une telle décision, je dis quelque chose comme :

« Me permettez-vous d'injecter une petite dose de réalité dans votre situation ? Vos amis ne se soucient pas vraiment que vous soyez sans le sou ou que vous le restiez jusqu'à la fin de vos jours. Voici à quoi pourrait ressembler leur conversation pendant le dîner s'ils découvraient que vous êtes incapable de rembourser votre prêt hypothécaire (ou de payer votre loyer) ce mois-ci.

Femme : « Eh ! As-tu appris que Bob et Sue sont incapables de payer leur hypothèque ce mois-ci ? C'est triste, non ? »

Homme : « C'est vraiment terrible. Je suis désolé pour eux. J'espère que cela ne nous

> arrivera jamais. S'il te plaît, passe-moi la salade. »

C'est à peu près tout le temps qu'ils consacreront à se morfondre pour vous. Les raisons en sont fort simples :

1. Ils supposent que si vous êtes complètement fauchés et vivez au bord du gouffre, c'est que cette situation ne vous inquiète pas outre mesure. Ils supposent que, sinon, vous réagiriez. Étant donné que vous ne semblez pas vous en soucier, pourquoi le feraient-ils ?

2. Ils savent très bien qu'ils ne sont pas responsables de votre situation financière. Donc, même s'ils éprouvent de la sympathie pour vous, ils n'accepteront pas la responsabilité de trouver une solution à votre problème.

3. Ils sont trop occupés à gérer leur propre vie pour s'inquiéter très longtemps de la vôtre. Zig Ziglar ne se trompe pas lorsqu'il dit en plaisantant que si nous savions à quel point les gens pensent peu souvent à nous, nous cesserions de nous inquiéter de ce qu'ils pensent de nous.

4. Vos amis se soucieront davantage de votre réussite financière que de vos déboires financiers.

Lorsque les gens commencent à comprendre ces réalités, cela les libère et leur permet de cesser de confier aux autres le volant de leur voiture. Cela les motive à s'installer sur le siège du conducteur et à assumer la responsabilité de leur vie et de leur situation financière. Ils commencent à prendre de bonnes décisions pour les bonnes raisons. Avec le temps, ils finissent par vivre avec les conséquences de leurs décisions: une vie qui leur appartient, leurs rêves qui deviennent réalités et des circonstances positivement transformées.

RÉALITÉ Nº 2: VOUS DEVREZ SOIT AFFRONTER LA PEUR DE VOUS ENGAGER DANS LE MARKETING DE RÉSEAU, SOIT AFFRONTER LA PEUR DE NE PAS VOUS Y ENGAGER

J'ai récemment été témoin d'un vol. J'ai vu le crime, je connaissais la victime, et j'ai aisément pu identifier le voleur et l'objet de son larcin. Mais je ne me suis pas donné la peine de le signaler à la police. Le voleur était connu. On savait qu'il récidiverait. Et on savait que rien ne pourrait l'en empêcher. On ne pouvait contrer son impact dévastateur sur la vie des gens et les pertes financières incalculables qui en découlaient.

Au lieu de m'adresser à la police, j'ai parlé à la victime. Je lui ai dit quoi faire la prochaine fois qu'elle serait attaquée. Je lui ai conseillé de ne pas demeurer passive. Je l'ai encouragée à regarder son agresseur droit dans les yeux, à demeurer calme, concentrée, à refuser d'obtempérer à ses demandes… et de se résoudre, si nécessaire, à le combattre comme si sa vie en dépendait.

Ce ne sont pas tous les policiers qui seraient d'accord avec mes conseils. Mais ce crime, aussi fréquent soit-il, est également unique. La victime est un individu qui évolue dans l'univers du marketing de réseau. La criminelle est la peur. Le crime est le vol… le vol des rêves et du courage. Le contre-coup laisse souvent de nombreuses victimes paralysées et incapables d'assurer la croissance de leur entreprise. Et les pertes en matière de productivité et de revenus pour les individus, les familles, les entreprises et l'économie en général sont inestimables. Ce voleur doit être confronté, combattu et neutralisé.

« … leur association avec une entreprise de marketing de réseau est la preuve tangible qu'ils sont animés du courageux désir de changer leur vie. »

J'ai vu certaines personnes parmi les plus prodigieusement douées de la planète ne rien faire de leur vie. Non pas parce qu'elles sont paresseuses, ne sont pas motivées ou n'ont pas d'ambition. Non pas parce qu'elles ne nourrissent aucun rêve ou qu'elles ne veulent pas travailler. Mais parce que la peur les étouffe et les immobilise. Dans le monde du marketing de réseau, la peur est la cause invisible du manque de productivité et de l'échec. Ce sentiment de peur obscurcit la vision, altère les objectifs et fausse les priorités.

En voici un exemple courant. Ed est entré dans l'univers du marketing de réseau en sachant très bien ce qu'il voulait accomplir et gagner. Il était motivé et enthousiaste, il aimait les gens et il avait une formidable morale du travail. Il a dressé la liste des gens à qui il avait l'intention de téléphoner, acheté son matériel, assisté aux séances de formation, planifié son emploi du temps, etc. Sur papier, tout semblait indiquer qu'il connaîtrait un succès phénoménal dans l'industrie du marketing de réseau.

Malheureusement, les cassettes audio qu'il entendait dans son esprit l'ont persuadé qu'il n'était pas assez compétent pour parler avec les « professionnels » ou les propriétaires des petites entreprises de sa localité. Cette croyance erronée créait chez Ed un sentiment d'anxiété chaque fois qu'il s'apprêtait à parler avec l'une de ces personnes qui l'intimidaient. Avec le temps, Ed a développé une tendance profonde. Il planifiait sérieusement ses rencontres avec ces gens qui représentaient pour lui une menace. Il notait à qui il parlerait, quand il le ferait, et il répétait mentalement ce qu'il dirait. Dans son esprit, tout se déroulait merveilleusement bien. Il s'exprimait clairement et il réussissait. Il pouvait aisément imaginer l'essor que connaîtrait son entreprise.

Mais au moment d'interagir avec ces personnes, cette belle confiance disparaissait. Au moment de vérité, à l'instant où il devait véritablement s'adresser à ces gens qui l'intimidaient, Ed changeait abruptement de cap. Il ne croyait plus en sa réussite. Son rêve lui semblait risible. L'entreprise qui l'enthousiasmait tant lui paraissait soudain ridicule. Et la pensée que quelqu'un puisse l'écouter et réagir positivement devenait à ses yeux la chose la plus insensée qu'il ait imaginée.

En un millième de seconde, Ed changeait ses priorités. Ses grands rêves, ses buts à long terme, ses plans d'avenir et ses bonnes intentions faisaient soudain place à un objectif unique et immédiat : ne plus avoir peur. Il voulait se débarrasser de son anxiété. Sur-le-champ ! Paniqué, il ne se souciait plus de ce qu'il lui en coûterait plus tard – tant et aussi longtemps qu'il retrouverait une paix immédiate. Il troquait des réussites et des réalisations bien réelles et atteignables contre une illusion de calme dans le moment présent. À la longue, il a fini par réaliser qu'il avait commis une terrible bévue. Que c'était une grossière erreur. Mais sur le coup, cela lui avait semblé l'affaire du siècle. Il n'avait qu'une seule envie : se débarrasser de son anxiété.

Des milliers de gens qui évoluent dans l'industrie du marketing de réseau commettent la même erreur chaque jour. Lorsqu'ils sentent qu'ils ne sont plus dans leur zone de confort et que l'anxiété les gagne, ils modifient inconsciemment leurs buts. Ils mettent temporairement en veilleuse leurs rêves et la croissance de leur entreprise. Sur le moment, ils veulent tout simplement éviter ce qui provoque leur malaise. Ce choix leur paraît alors anodin et sans conséquence. Mais ils ne se rendent pas compte qu'ils forgent ou renforcent des habitudes, et que cette fuite de l'inconfort deviendra un style de vie. À long terme, ces habitudes ne deviendront que plus fortes et la peur plus grande.

« ***Vous devrez soit affronter la peur de vous engager dans le marketing de réseau, soit affronter la peur de ne pas vous y engager.*** »

Ed était prisonnier d'un cercle dans lequel il concevait de grands rêves le soir et les échangeait contre un calme illusoire le lendemain matin. Je connais ce piège. Je connais l'étau de ces croyances erronées et le sentiment d'anxiété qui l'accompagne. Pour rompre le pouvoir de cette habitude, j'ai injecté une petite dose de réalité dans son monde. J'ai pu le faire car Ed savait que je m'inquiétais pour lui et que je croyais en lui plus qu'il ne le faisait lui-même. Je lui ai simplement dit d'un ton catégorique : « Ed, je sais que tu as peur et que tu te sens incapable de parler à certaines personnes parce qu'elles t'intimident trop. Mais laisse-moi te dire quelque chose : *"Tu devras soit affronter la peur de t'engager dans le marketing de réseau, soit affronter la peur de NE PAS t'y engager. Le choix t'appartient."* »

Je l'ai ensuite mis au défi d'examiner le rapport coûts-avantages de son comportement. Quels avantages immédiats retirait-il en fuyant sa peur, et qu'est-ce que cela lui coûtait ? Voici quelques-uns des points que nous avons abordés :

ÉVITEMENT DE LA PEUR

Avantages	**Coûts**
1. La peur semble diminuer.	*1. La peur ne fait que grandir.*
2. Cela me permet de retrouver la quiétude.	*2. Mon stress augmente et je ne fais que camoufler mon anxiété.*
3. Cela me permet d'éviter de faire ce qui me déplaît.	*3. Cela nuit à la croissance de mon entreprise.*
4. Cela me permet de m'adonner à des activités plus agréables.	*4. Cela nuit à ma croissance personnelle.*
5. Cela me permet de vivre à l'intérieur de ma zone de confort.	*5. Cela détruit ma confiance.*
	6. Les petites peurs se transformeront en grandes frayeurs.

ÉVITEMENT DE LA PEUR (suite)	
Avantages	**Coûts**
	7. Cela me coûtera mon rêve.
	8. Ma situation financière ne s'améliorera pas.
	9. Les petites choses que j'évite aujourd'hui seront de grands regrets demain.
	10. Renoncer à des années et des années de liberté future pour éviter de brefs moments de malaise est une décision épouvantable, tant pour ma vie personnelle que professionnelle.

Analyse coûts-avantages de l'évitement de la peur. Remarquez que les coûts sont réels, élevés et à long terme. Les avantages sont surtout illusoires ou temporaires.

Heureusement pour Ed, cette injection d'une dose de réalité dans son monde l'a remis sur les rails. Il a compris qu'il ne résolvait aucun problème en fuyant ses peurs et qu'il préparait le terrain à de futures craintes. Il a commencé à y faire face, à les bousculer, pour finalement les vaincre.

Il y a encore des aspects reliés à la croissance de son entreprise qu'il n'aime pas particulièrement, mais il ne laisse pas un moment désagréable lui dérober son rêve ou entraver l'atteinte de ses objectifs. Il reconnaît ses sentiments sans leur permettre d'être l'ultime arbitre dans ses choix de vie. Il réussit donc très bien en affaires. Il sort gagnant de la situation. Et Ed sait qu'elle est de loin plus gratifiante que le piège où il est presque tombé.

ET VOUS ?

Êtes-vous prêt à concrétiser votre rêve et à bâtir votre entreprise ? Si oui, vous devrez être prêt à affronter vos peurs. Vous devrez sortir de votre zone de confort et faire des choses nouvelles, différentes et déstabilisantes. Il est impossible de faire autrement, car vous devez grandir en tant qu'individu si vous voulez ériger une entreprise prospère.

Il est compréhensible que de nombreuses personnes souhaitent créer une entreprise qui connaît un succès phénoménal sans avoir à sortir de leur zone de confort. Elles veulent réussir brillamment sans jamais vivre le stress. Elles veulent accomplir de grandes choses sans jamais éprouver d'anxiété. Elles veulent toucher de grandes récompenses sans prendre de risques ou sans travailler dur. Je comprends que cela soit attrayant. Malheureusement, ce n'est pas possible. Ce serait comme aller nager sans avoir à pénétrer dans l'eau. On ne peut faire l'un sans l'autre.

Alors que vous songez à vous lancer en affaires, quelles sont certaines des choses qui vous mettent le plus mal à l'aise ? De quoi avez-vous peur ? Qu'est-ce que vous serez tenté d'éviter, de reporter ou d'ignorer ? Quels gestes ne poserez-vous pas même en sachant qu'ils sont importants ? Quelles habiletés ou actions reliées à la croissance d'une entreprise vous donnent envie de reculer et de ne pas vous engager ?

Vous vous connaissez suffisamment bien pour être en mesure de reconnaître ce qui vous fait douter de vous-même. Vous savez déjà où vous trébucherez. Vous avez déjà établi vos zones de résistance intérieure. Et peut-être connaissez-vous déjà les excuses que vous vous donnerez pour éviter d'agir en cas de malaise.

Vous pouvez dès maintenant définir les activités qui provoquent ces malaises parce que vous vous connaissez mieux que quiconque. Vous vivez avec vous-même et les choses que vous aimez éviter depuis longtemps.

Prenez maintenant un moment et dressez la liste de ces habiletés ou activités qui vous mettent mal à l'aise. Il s'agit de la première étape si vous voulez gérer vos peurs et ne pas leur permettre de gérer votre esprit. Cette liste est unique et n'appartient qu'à vous. Mais il y a certains domaines d'inconfort que de nombreuses personnes partagent. En voici quelques-uns : la peur de s'exprimer, d'être rejeté, d'être ridicule ou incompris, d'être incapable de répondre à une question, de ne pas être pris au sérieux, etc. Quelles que soient les vôtres, dressez la liste sur une feuille de papier d'au moins quatre **CHOSES QUE VOUS AIMERIEZ ÉVITER EN ÉRIGEANT VOTRE ENTREPRISE.**

Après avoir dressé votre liste, posez-vous les questions suivantes. *« Je vis avec ce domaine d'inconfort depuis combien de temps ? Quel prix ai-je déjà payé en m'efforçant de l'éviter ? Quel prix devrai-je payer plus tard si je continue à l'éviter ? Ce prix est-il trop élevé ? Qu'est-ce que je m'engage à entreprendre pour moi-même et mon entreprise, peu importe le malaise initial que cela provoque en moi ? »*

Lorsque les gens permettent à la peur de régir leur vie, c'est qu'ils ont renoncé à leur pouvoir. Ils permettent à la peur d'être leur chauffeur désigné. Mais ce chauffeur est inutile. Dans le meilleur des cas, il les fera tourner en rond. Et à la fin, ils réaliseront que la peur ne les a conduits nulle part, les a forcés à demeurer à l'endroit qu'ils souhaitaient quitter.

AIMERIEZ-VOUS AVOIR LES CLÉS DE LA VOITURE ?

Alors, où voulez-vous maintenant aller ? Le choix et le pouvoir vous appartiennent. Si vous êtes engagé dans l'industrie du marketing de réseau, ou si vous songez à vous y engager, je suppose que vous voulez devenir le chauffeur désigné de votre vie et de votre avenir. Je vous félicite. Votre engagement laisse entendre que vous avez atteint un carrefour. Vous vous trouvez à l'intersection des VIEILLES HABITUDES et d'une NOUVELLE OCCASION. J'espère que vous choisirez de tourner à droite sur l'avenue de la Nouvelle Occasion. Et pendant que vous progresserez sur cette voie, j'espère aussi que :

1. VOUS VOUS PERMETTREZ D'ÊTRE LE CHAUFFEUR DÉSIGNÉ DE VOTRE VIE.
2. VOUS VEILLEREZ JALOUSEMENT SUR LA CASSETTE AUDIO QUE VOUS LAISSEZ TOURNER DANS VOTRE ESPRIT.
3. VOUS ACCEPTEREZ AVEC JOIE LA RESPONSABILITÉ DE VOTRE AVENIR ET DE VOTRE SITUATION FINANCIÈRE.
4. VOUS NE CÉDEREZ PAS VOTRE POUVOIR À D'AUTRES OU À LA PEUR.

5. PENDANT QUE VOUS CONDUISEZ, RAPPELEZ-VOUS QUE VOUS VIVEZ « UNE JOURNÉE FANTASTIQUE ».
6. VOUS VOUS ATTENDREZ À GAGNER.
7. VOUS COMPRENDREZ QUE CET INSTANT EST LE VÔTRE : SAISISSEZ-VOUS DES CLÉS, CONDUISEZ VOTRE ENTREPRISE, DIRIGEZ-LA VERS LE CERCLE DES GAGNANTS, LÀ OÙ VOUS DEVEZ ÊTRE.

Troisième partie

Le pouvoir du leadership dans le marketing de réseau

CHAPITRE 9

ÊTRE UN LEADER DANS UNE ARMÉE DE VOLONTAIRES

Examinez n'importe quelle entreprise de marketing de réseau et vous découvrirez inévitablement qu'une multitude de titres et de postes sont à la disposition de n'importe quel représentant qui travaille dur et avec efficacité. La majorité des gens qui évoluent au sein d'une entreprise depuis un certain temps pourront vous dire ce qu'il leur faut acquérir pour obtenir une promotion ou gravir un échelon. C'est logique, puisque le poste le plus important pour un représentant est toujours cet échelon supérieur qu'il peut atteindre. C'est en se concentrant sur cet objectif qu'il arrive à donner une orientation à ses activités quotidiennes tout en développant son entreprise.

Mais que veulent dire ces titres et ces postes? Signifient-ils quelque chose? Ont-ils une véritable importance? Ou sont-ils tout simplement le reflet d'une hiérarchie et de la rémunération qui correspond à chaque échelon ?

À mon avis, les divers titres et postes qui sont propres à l'industrie du marketing de réseau reflètent bien plus que la réussite d'un individu ; ils ne sont pas sans signification. Ce sont des titres de leadership.

Mais il y a des questions qui exigent des réponses. Que veut dire « être un leader » ? Quelle est l'essence du leadership ? Comment devient-on un leader ? Comment exerce-t-on son leadership dans une entreprise de marketing de réseau où tous les membres sont des représentants indépendants ? Ces questions deviennent de plus en plus importantes au fur et à mesure qu'une équipe grandit, car les membres de cette équipe cherchent auprès de nous une certaine forme de leadership ou d'orientation.

Le marketing de réseau exige une forme supérieure de leadership

L'un des aspects les plus positifs et distinctifs de l'industrie du marketing de réseau est la façon dont le leadership y est exercé. En fait, le marketing de réseau exige une forme supérieure de vrai leadership plus que le monde du travail traditionnel. Il n'y a pas de place pour les formes négatives de leadership qui sont monnaie courante dans l'industrie traditionnelle. La peur, la honte, la culpabilité ou l'intimidation ne peuvent être utilisées comme substitut à un véritable leadership. C'est ce que les gens qui évoluent dans l'univers du marketing de réseau trouvent très attirant. C'est également ce qui rend merveilleusement stimulante la gestion d'une équipe en plein essor.

Dans le monde du marketing de réseau, il n'existe pas de voie hiérarchique formelle entre les membres d'une équipe. Ils ne travaillent pas « pour nous ». On ne peut pas les licencier ni influer sur leurs salaires, leurs promotions ou leurs primes. Nous ne pouvons leur dicter quand, où, et comment travailler. Nous n'avons pas de « menottes en or » pour les emprisonner dans une tâche. Étant donné que nous ne pouvons exercer aucune autorité formelle sur ces gens, nous ne pouvons les forcer à effectuer quoi que ce soit ! Ce sont des volontaires. Ils peuvent s'absenter sans permission en tout temps. Et nous ne pouvons rien y faire ! Nous sommes des leaders dans une armée de volontaires. Et c'est pourquoi nous devons avoir recours à une forme supérieure de leadership.

Que veut dire être un leader ?

Penchons-nous sur quelques descriptions du leader que j'utilise souvent :

1. *Un leader est un individu qui sait où il va et qui est capable de persuader les autres de le suivre.*
2. *Un leader est capable de répondre à trois questions : <u>Où</u> allons-nous ? <u>Comment</u> allons-nous y arriver ? <u>Pourquoi</u> nous y prenons-nous de cette façon ?*
3. *Un leader indique la voie aux autres et puis leur laisse le champ libre.*
4. *Le leadership apporte vision, compétence et motivation.*
5. *Le leadership fondé sur un titre ou un poste diffère du leadership exercé par influence.*

Le leadership peut être défini de nombreuses façons. Mais dans le monde du marketing de réseau, il est impératif de comprendre certaines des caractéristiques du leadership, peu importe la définition que vous privilégiez. Certaines de ces caractéristiques ont trait à l'exemple que nous donnons aux autres, à l'aide que nous leur offrons et à la patience dont nous faisons preuve envers eux.

ÊTRE UN LEADER, C'EST ÊTRE UN MODÈLE POUR LES AUTRES

Si vous pouviez constituer l'équipe idéale pour votre entreprise de marketing de réseau, quelles seraient certaines des qualités que vous souhaiteriez retrouver chez ses membres ? Quels comportements ou habitudes auraient-ils ? Que feraient-ils pour influer positivement sur la croissance de leur entreprise ? Quel exemple donneraient-ils aux autres ? Pour commencer, examinez la liste au haut de la page suivante.

Un modèle de rôle

Examinons maintenant cette liste à la lumière de notre engagement personnel. Aux yeux de notre entourage, quel exemple donnons-nous alors que nous développons notre entreprise ? Que cela nous plaise ou non, les membres de notre équipe nous imiteront. Ils verront ce que nous faisons et ils marcheront dans nos pas. Ils nous prendront comme modèle. Les nouveaux venus dans notre équipe s'inspireront de notre conduite. Ils nous observeront et concluront que c'est ainsi que se brassent les affaires dans notre organisation. C'est pourquoi il est important de comprendre que *l'exemple est une dimension fondamentale du leadership efficace*.

Qualités recherchées chez les membres d'une équipe de distributeurs et de représentants :

- initiateur
- travailleur acharné
- travaille bien avec les autres
- visionnaire / entrepreneur
- ne se décourage pas facilement
- demeure positif et optimiste
- enthousiaste et motivé
- bonne connaissance des produits
- se fixe des objectifs quotidiens et hebdomadaires et les respecte
- ne se sent pas visé personnellement par un refus
- espère évoluer longtemps dans l'industrie

Si nous voulons que les nouveaux représentants arrivent à temps à nos réunions, nous devons être ponctuels. Si nous voulons qu'ils prennent nos événements au sérieux, nous devons faire de même. Il m'est arrivé trop souvent de voir des leaders qui, après avoir évolué dans le monde du marketing de réseau pendant un certain temps, ont commencé à se comporter comme s'ils étaient trop occupés ou trop importants pour participer activement à des présentations de leur entreprise. Ils s'installent alors à l'arrière de la salle (ou la quittent carrément) de manière à « effectuer des tâches plus importantes ». Ils font une erreur monumentale.

S'ils pensent ainsi prouver aux autres qu'ils sont très occupés et très importants, ils se trompent du tout au tout. Ils donnent plutôt l'impression de ne plus éprouver d'enthousiasme pour ce qu'ils font. Le leader se doit d'assister aux réunions, d'être présent sur le front, de s'efforcer de demeurer concentré, dynamique et enthousiaste devant cette occasion à laquelle ils ont déjà consacré d'innombrables heures. Le leader doit montrer aux autres que son entreprise l'excite toujours autant.

Nous voulons que les gens tiennent des réunions chez eux, mais en faisons-nous toujours autant nous-mêmes? Nous voulons que les membres de notre équipe fassent connaître notre entreprise, mais est-ce que nous leur donnons l'exemple? Nous voulons qu'ils aient recours à la technologie (conférence téléphonique hebdomadaire, système de messagerie vocale, courrier électronique, vidéoconférence, télécopie à la demande, etc.), mais sommes-nous de bons modèles de rôle?

Nous voulons qu'ils fondent le développement de leur entreprise sur des produits adéquats, mais faisons-nous la promotion de ces mêmes produits? Nous voulons qu'ils assistent régulièrement à nos réunions et à nos congrès, mais en faisons-nous toujours autant? Nous voulons qu'ils soient disponibles, qu'ils répondent promptement à leurs messages téléphoniques et aident les nouveaux représentants, mais nous voient-ils effectuer ces tâches?

Le concept du modelage (ou apprentissage par observation) nous rappelle qu'il y a une corrélation positive entre ce que le leader fait et ce qui est reproduit par les membres de son équipe. C'est pourquoi il y a un fond de vérité dans cet adage du leadership: «Si vous voulez que les membres de votre équipe saignent, alors vous devez faire une hémorragie.» Les nouveaux venus dans l'univers du marketing de réseau s'attendent à ce que leurs parrains imposent le rythme et leur montrent la voie. Ils veulent s'inspirer de leur attitude, de leur énergie et de la façon dont ils érigent leur entreprise et forment une équipe.

Le modelage ne donne pas toujours les résultats attendus. Les membres de l'équipe peuvent faire preuve de lenteur lorsqu'il s'agit de reproduire des comportements efficaces, mais aussi être prompts à déterminer et à reproduire des habitudes qui sont loin d'être utiles au développement de l'entreprise. En réfléchissant aux qualités et aux habitudes que vous souhaiteriez idéalement retrouver chez les membres de votre équipe, assurez-vous de leur donner le meilleur exemple possible. C'est à la fois le privilège et la responsabilité de tout leader.

ÊTRE UN LEADER, C'EST AIDER LES AUTRES

Les postes et les titres de leadership peuvent paraître impressionnants. De loin, le leadership semble prestigieux. Il donne l'impression d'être amusant et nimbé de sempiternels honneurs et privilèges. Les individus qui se trouvent en position de leadership ont généralement plus d'admirateurs que de détracteurs. Leur statut est souvent synonyme de prestige et un gage de respect. Pour le non-initié, le leadership peut représenter un style de vie exceptionnel et éternellement divertissant. Mais vu de plus près, le leadership a des aspects plus rebutants.

Ceux qui ont su s'épanouir grâce au leadership ont payé leur dû en ce qui a trait à d'autres aspects qui sont loin d'être attrayants. Bien avant qu'un individu puisse jouir en public des fruits du leadership, il doit mériter en privé les éloges ou obtenir une réussite personnelle. Il a payé son dû de milliers de façons pendant des milliers de jours. Il a fait ce que d'autres n'étaient pas prêts à faire. Et maintenant, il jouit d'une vie que d'autres ne connaissent pas.

Le noyau du leadership

Quel est le noyau du leadership ? Fondamentalement, il est beaucoup moins prestigieux que vous pourriez le croire. Le mot « leadership » n'est qu'un élégant synonyme de « serviteur en chef ». Être un leader, c'est être le maître d'hôtel, le chef, le cuisinier et le laveur de bouteilles. Ceux qui ont atteint ce statut savent qu'il est le résultat de longues heures de travail acharné et de grandes responsabilités. Ils savent que :

LE LEADERSHIP EST :

- *Le privilège de travailler pendant que les autres dorment.*
- *Le privilège de lire ou de faire des recherches pendant que les autres se reposent.*
- *Le privilège de diriger leur entreprise pendant que les autres jouent au golf.*
- *Le privilège de travailler dur afin de transformer leurs rêves en réalité pendant que les autres travaillent dur afin d'oublier une réalité dans laquelle ils ne nourrissent aucun rêve.*

- *Le privilège de prier pour acquérir la sagesse pendant que les autres vivent dans l'insouciance.*
- *Le privilège de se donner sans cesse à leur équipe pendant que les autres s'abandonnent devant leur téléviseur.*
- *Le privilège d'ignorer la fatigue et de se concentrer sur des buts quotidiens pendant que les autres déclarent forfait et oublient leurs objectifs.*
- *Le privilège d'être le serviteur de leur équipe et de leurs propres buts dans la vie pendant que les autres n'ont aucun but ou aucune équipe à qui se donner.*
- *Le privilège de la satisfaction différée en faisant ce qu'ils n'ont pas envie de faire aujourd'hui de manière à vivre leur rêve plus tard. Entre-temps, les non-leaders accomplissent aujourd'hui de petites choses sans importance et renoncent aux grandes choses qu'ils aimeraient voir se concrétiser plus tard.*

L'aspect « quelque peu rebutant » du leadership

En réalité, les leaders sont des partisans du renoncement. Ils se sacrifient à leurs rêves, à leurs buts et à leur équipe. Ce sacrifice auréole chaque jour de leur vie. Ironiquement, c'est ce don de soi qui leur donne force et concentration. C'est ce qui leur permet de s'aguerrir.

En s'endurcissant, les véritables leaders apprennent également l'art de travailler avec autrui. Le leadership, surtout dans le monde du marketing de réseau, exige que nous fassions preuve de patience, de positivisme et d'honnêteté envers les autres. Et savoir comment et quand recourir à ces qualités est l'un des aspects les plus importants du leadership efficace.

ÊTRE UN LEADER, C'EST FAIRE PREUVE DE PATIENCE AVEC LES REPRÉSENTANTS

C'est lorsqu'il commence à vraiment comprendre le pouvoir du marketing de réseau et sa courbe de croissance exponentielle que le leader aspire de plus en plus à se constituer une équipe de gens motivés et dotés d'un esprit d'initiative. Il commence alors à voir ce que pourraient représenter des dizaines, des centaines, et puis des milliers d'individus qui formeraient une équipe et qui travailleraient plusieurs heures chaque semaine.

Il réalise que, seul, il ne peut pas consacrer plus de 50 heures par semaine, ou 200 heures par mois à son entreprise (50 heures par semaine x 4 semaines = 200 heures). De plus, il sait que s'il consacre autant d'heures à son travail, il ne pourra pas jouir des fruits de son labeur. Par contre, s'il a une équipe de 500 représentants qui, en moyenne, ne travaillent que 5 heures par semaine, alors le nombre d'heures investies dans l'entreprise s'élèvera à 10 000 heures de travail par mois (500 individus x 5 heures x 4 semaines) ! Et personne ne souffrira de surmenage !

Le leader qui optimise son temps tout en générant un revenu résiduel n'en sera que davantage reconnaissant aux membres de son équipe qui se fixent des objectifs, ne les perdent pas de vue et s'efforcent systématiquement de les atteindre. Mais il aura aussi tendance à extérioriser sa frustration et son impatience si certains d'entre eux manquent d'ardeur. Il voudra qu'ils soient plus enthousiastes, motivés, actifs et productifs. Il commencera à s'exprimer ainsi : « Tout ce que je souhaite, c'est trouver des gens qui sont prêts à travailler aussi dur que moi. J'aimerais trouver quelqu'un qui me ressemble ! »

C'est compréhensible, car quiconque veut sérieusement ériger une entreprise découvrira en cours de route l'une des grandes vérités à propos de la vie dans le monde du marketing de réseau :

Dans cette industrie, le bon côté de la médaille est aussi le mauvais côté de la médaille !

Notre habileté à constituer une équipe, à générer un revenu résiduel et à faire fortune dépend entièrement des efforts d'autrui. Le concours d'autres entrepreneurs ayant les mêmes dispositions est nécessaire. En tant que leaders, nous devons faire preuve de patience pendant que nous les cherchons ou les formons.

Pour exercer votre patience auprès des nouveaux représentants, rappelez-vous que :

1. Leur vie privée existe encore même s'ils ont grossi les rangs de votre équipe et de votre entreprise.

2. S'engager sur papier à devenir représentant n'est pas la même chose que s'engager avec son cœur, son esprit ou sa volonté.

La vie ne s'arrête pas parce que quelqu'un est devenu membre de votre équipe

La plupart du temps, les gens qui se joignent à votre équipe avaient déjà un emploi du temps bien rempli avant de s'engager dans le monde du marketing de réseau. Ils étaient déjà occupés. Il n'est pas facile de se réorganiser et de remanier son horaire. Faites preuve de patience pendant qu'ils casent leurs nouvelles activités dans leur routine quotidienne.

Il est facile de dire aux gens que le marketing de réseau offre l'avantage de travailler à temps partiel et lorsque cela leur convient. Et puis, dès qu'ils font partie de votre équipe, vous souhaitez secrètement qu'ils se consacrent presque immédiatement à plein temps à leur entreprise! Nous voulons qu'ils soient animés de la même passion, conviction et ferveur que nous. Peu importe leur degré d'engagement, n'oubliez jamais qu'ils ont une vie familiale, un emploi, des factures à payer, des courses à faire, etc.

« Si vous voulez que les membres de votre équipe saignent, alors vous devez faire une hémorragie. »

S'engager sur papier…

Le leader doit également se rappeler qu'un engagement sur papier n'est pas la même chose que de s'engager avec son cœur, son esprit ou sa volonté. C'est souvent deux actes distincts. De nombreuses personnes s'engagent à adhérer à une entreprise de marketing de réseau parce qu'elles ont eu un bref aperçu du pouvoir et du potentiel de cette industrie, comme suite à une présentation. Cependant, leur enthousiasme et leur empressement perdent rapidement de leur intensité. De vieilles cassettes audio commencent à se faire entendre dans leur esprit, de vieilles croyances les poussent à retourner dans le monde qui leur est familier. Ils regagnent leur « zone de confort » et commencent à douter de cette occasion qui les avait galvanisés au moment de leur engagement.

Cette « bataille avec les croyances » n'est pas rare chez l'individu qui entreprend un nouveau projet. Et dans l'univers du marketing de réseau, de nombreuses personnes perdent cette bataille. C'est pourquoi les premières heures, les premiers jours et les premières semaines sont cruciaux. Le nouveau représentant, comme un nouveau-né, devra faire son chemin avant d'être autonome. Son parrain devra lui apporter soutien, aide et orientation pendant que de nouvelles croyances prennent forme.

Nombreux sont les représentants qui s'engagent dans l'industrie avec beaucoup d'enthousiasme, mais avec peu de conviction et de foi. C'est un point de départ acceptable. Cependant, la foi et la conviction doivent finalement devenir le fondement de toute entreprise en évolution. Ces caractéristiques doivent également devenir une source de stimulation, car elles sont synonymes de résistance et de résilience. Le leader doit faire preuve de patience et attendre que ses représentants développent cette conviction et cette foi ; il sait qu'ils n'ont pas encore achevé de faire le tri dans leurs croyances. Même si les nouveaux représentants n'en sont pas pleinement conscients, ils se préparent à répondre aux questions suivantes :

- *Quelle opinion ai-je de l'entreprise avec laquelle je viens de m'associer ?*
- *Quelle opinion ai-je des produits et services que nous offrons ?*
- *Quelle opinion ai-je du marketing de réseau en tant que stratégie d'entreprise commerciale ?*
- *Quelle opinion les autres auront-ils de l'industrie, de l'entreprise et des produits que je représente ?*
- *Qu'est-ce que je pense du potentiel de rémunération lié à ce projet ?*
- *Est-ce que je crois qu'un individu peut réussir dans cette entreprise s'il travaille dur et sans relâche, sans jamais abandonner ?*
- *Est-ce que je pense pouvoir réussir dans cette entreprise si je travaille dur et sans relâche, sans jamais abandonner ?*
- *Est-ce que je crois pouvoir réussir dans cette industrie ?*
- *Suis-je persuadé que je réussirai dans cette industrie ?*
- *Est-ce que je crois en moi ?*

L'individu qui veut réussir dans l'univers du marketing de réseau doit accéder progressivement à ces paliers de croyances. Pendant ce temps, le leader doit faire preuve de patience avec chaque nouveau membre de son équipe. Notez que les croyances les plus importantes et les plus personnelles se situent à la fin du processus.

Qu'est-ce qui permet à certaines personnes de régler, apparemment sans effort, l'ensemble des questions inhérentes à tout projet majeur ? Dans l'univers du marketing de réseau, pourquoi certaines personnes sont-elles capables de travailler dur, de ne pas perdre de vue leurs objectifs et de faire grandir leur entreprise, alors que d'autres s'épuisent et abandonnent ? De nombreux facteurs peuvent influer sur l'habileté d'un individu à ne pas dévier de sa trajectoire : la précision avec laquelle il a défini ses rêves, son autodiscipline, la force de son ego, le soutien qu'il reçoit de son équipe, etc. Mais pour l'instant, examinons ce qui caractérise quiconque veut évoluer à long terme dans l'industrie du marketing de réseau. Le leader qui comprend bien ces caractéristiques saura faire preuve d'une plus grande patience avec ses représentants.

LE LEADER CONNAÎT « LES TROIS CARBURANTS »

Comparez votre engagement dans une entreprise de marketing de réseau à une épreuve de course. Maintenant, imaginez que les coureurs tirent leur énergie de trois différents types de carburants : l'enthousiasme, le degré d'engagement et la conviction. Chacune de ces sources d'énergie est très importante et joue un rôle particulier.

L'ENTHOUSIASME : le carburan nº 1

LE DEGRÉ D'ENGAGEMENT : le carburan nº 2

LA CONVICTION : le carburan nº 3

L'enthousiasme est le carburant qui convient au sprint. Le degré d'engagement est celui qui permet au coureur de parcourir une distance appréciable. Mais la conviction est le seul qui permette de terminer un marathon.

L'enthousiasme : le carburant n° 1

Le processus entourant l'engagement dans une entreprise de marketing de réseau est le même pour de nombreux individus. Ils entendent parler de l'entreprise, flairent son potentiel financier et imaginent comment leur réussite dans cette industrie pourrait changer leur vie. C'est ce qui fait naître l'enthousiasme. Les nouveaux représentants sont alors remplis de fougue. Avec l'enthousiasme comme unique carburant, ils quittent le bloc de départ à toute vitesse. Ou, comme les enfants de Bob Torsey, ils s'élancent avant d'entendre le signal de départ. La course paraît si facile qu'ils sont certains que la distance à parcourir ne dépassera pas 100 mètres. Ils voient miroiter occasion, potentiel et prospérité à la ligne d'arrivée.

Mais les nouveaux représentants réalisent vite qu'il ne s'agit pas d'un sprint de 100 mètres. Il ne s'agit pas non plus d'une course de 800 ou de 1 000 mètres. C'est un marathon. Et lorsqu'ils se rendent compte que la création d'une grande entreprise de marketing de réseau n'est pas seulement un petit sprint ou une « promenade dans le parc », ils doivent prendre leur première grande décision. Comment feront-ils face à cette réalité ? Et que doivent-ils faire maintenant que leur réserve d'enthousiasme commence à baisser ?

C'est à ce moment-là que de nombreux représentants s'arrêtent pour se reposer et qu'ils ne remontent jamais sur les rails. Que s'est-il passé ? Ils n'avaient plus de carburant pour continuer à avancer. Donc, lorsqu'ils ont épuisé leur réserve d'enthousiasme, ils ont abandonné.

L'un des sprints les plus remarquables dont je me souviens est celui effectué par un individu qui s'était présenté à une réunion en clamant son scepticisme. À la fin de la rencontre, il a été le premier à sortir son carnet de chèques et à s'engager. Il s'est hâté de partir, persuadé qu'il était inutile de demeurer dans les parages pour obtenir des directives et de la formation. Il est rentré chez lui afin de s'enrichir en une seule soirée. Il s'est aussitôt installé au téléphone, pour être aussitôt repoussé par sa sœur.

Sur ce, il a téléphoné à l'organisateur de la réunion pour lui dire qu'il en avait terminé avec l'industrie du marketing de réseau. J'ai ri aux éclats. Cet homme était incapable de courir sur une distance de 20 mètres sans se heurter à un mur ! Il n'a pas survécu plus de 2 heures dans l'industrie. Que s'est-il passé ? Il a fait l'erreur courante de penser qu'il pouvait se constituer une sérieuse fortune sans travailler sérieusement. Il s'est rendu compte qu'il faut davantage que de l'enthousiasme pour être un gagnant dans l'industrie du marketing de réseau. Lorsque sa batterie est tombée à plat, il a fait de même.

Comment les deux autres carburants, le degré d'engagement et la conviction peuvent-ils aider quelqu'un à devenir un coureur de fond ? Le premier fera de vous un coureur de distance intermédiaire, et le second un coureur de marathon.

Lorsque c'est la queue qui agite le chien

De nombreux représentants sont remplis d'enthousiasme lorsqu'ils deviennent membres d'une entreprise de marketing de réseau. Et ils y ont de bonnes raisons pour cela. Mais malgré cet enthousiasme, ils sont également nombreux à se lancer dans l'aventure sans grande conviction et avec un faible degré d'engagement. Lorsque leur enthousiasme et leur excitation émotionnelle commencent à perdre de leur intensité, ils ne disposent d'aucun système d'appoint. Ils n'ont plus rien sur quoi s'appuyer. Ils ajustent donc la cadence de leur travail en se fondant sur leurs émotions et leurs sentiments. S'ils se sentent motivés ou inspirés, ils accompliront peut-être quelque chose. Mais ils ne feront rien sans le seul carburant qu'ils connaissent : l'enthousiasme.

« Il a fait ce que d'autres n'étaient pas prêts à faire. Et maintenant, il jouit d'une vie que d'autres ne connaissent pas. »

Lorsque nos sentiments et nos émotions deviennent le principal facteur décisionnel régissant nos décisions comportementales, nous devenons « à risque ». Nos sentiments nous orientent alors vers la voie du moindre effort et vers ce qui nous paraît le moins troublant dans le moment présent. Lorsque cela arrive, c'est la queue qui agite le chien. C'est comme si notre vie était prise en otage par les caprices d'un désir fugitif.

Lorsque leur enthousiasme faiblit, les représentants ont besoin de s'accrocher à autre chose pour continuer à aller de l'avant. Tout comme certains camions sont équipés de deux réservoirs de carburant de manière à ce que le chauffeur puisse puiser dans le second lorsque le niveau du premier est bas, les représentants ont besoin d'un autre réservoir de carburant dans lequel ils pourront puiser lorsque leur réserve d'enthousiasme tire à sa fin. Et ce deuxième réservoir correspond au degré d'engagement.

Le degré d'engagement : le carburant nº 2

Le degré d'engagement n'est pas uniquement régi par les sentiments et les émotions. Il fait entrer en ligne de compte la volonté et l'esprit dans le processus décisionnel. Lorsque l'engagement fait partie de leur approche vis-à-vis de leur entreprise, les représentants ont une intention claire et un but bien précis. Ils savent pourquoi ils veulent développer leur entreprise, ce qu'ils souhaitent en retirer, et ils en ont une vision à long terme. Ils voient au-delà de leurs sentiments du moment.

En effet, la force de leur engagement leur permet de ne pas dévier de leur trajectoire. Ils sont capables de neutraliser ou d'ignorer les émotions et les sentiments qui les exhortent à abandonner, à choisir la voie de la facilité ou à se retirer pendant un moment. Cette habileté de l'engagement à « en imposer » aux émotions qui exigent haut et fort un confort immédiat est un indice de maturité profondément significatif. Dans l'univers du marketing de réseau, il fournit le carburant qui permet de persévérer lorsqu'on commence à comprendre que la création d'une entreprise n'est ni un sprint ni une simple petite séance de jogging.

Cependant, il y aura des moments où même le degré d'engagement sera fortement mis à l'épreuve dans la course menant à la formation d'une grande équipe et d'une entreprise prospère, tout comme n'importe quelle autre réalisation majeure dans la vie mettra à l'épreuve notre résistance jusqu'au point de rupture. C'est à ce moment décisif que nous commencerons soit à ralentir, soit à puiser dans un autre réservoir de carburant : le réservoir de la conviction. C'est cet approvisionnement en carburant supérieur qui permet aux représentants de s'outiller pour entreprendre le marathon du marketing de réseau. Ironiquement, lorsqu'ils puisent dans leur réserve de conviction, leur enthousiasme et leur degré d'engagement montent en flèche.

La conviction : le carburant n° 3

Qu'est-ce que la conviction ? C'est une croyance imperturbable. Une attitude. Un état d'esprit. Une foi inébranlable. Une confiance qui vient de l'intérieur. C'est la certitude. C'est être intimement persuadé que nos efforts seront largement récompensés. C'est ce qui donne courage et détermination aux représentants lorsqu'ils se « heurtent à un mur » pendant le marathon. Cela leur permet de continuer lorsque la fatigue, une faible croissance ou le doute tentent de les faire renoncer à leur rêve, de cesser d'espérer et de tout abandonner. La conviction est cette caractéristique qu'ont en commun tous ceux qui font preuve de résistance dans l'industrie du marketing de réseau.

Comment développe-t-on la conviction dans une entreprise de marketing de réseau ? La conviction intime s'acquiert souvent par osmose. Elle résulte du temps passé en compagnie de gens qui sont habités par la conviction. C'est pourquoi l'association est un élément capital du succès. Les représentants finissent par ressembler aux gens qu'ils fréquentent. Lorsqu'ils se mettent en position d'observer et d'écouter des leaders qui affichent une solide conviction, d'interagir avec eux et d'apprendre auprès d'eux, cette caractéristique ne pourra faire autrement que de grandir en eux.

« La conviction est cette caractéristique qu'ont en commun tous ceux qui font preuve de résistance dans l'industrie du marketing de réseau. »

L'intensité de cette conviction est également tributaire du temps, de l'expérience et de la réussite. Si les représentants consacrent suffisamment de temps à leur entreprise et prennent tous les moyens nécessaires pour apprendre à bien la développer, ils connaîtront le succès. Et le succès a cette capacité unique de se réinventer lui-même. Le succès engendre le succès. Comme la levure dans la pâte à pain, le succès continue à « lever » lorsqu'il se trouve dans un environnement propice.

À mesure que grandit votre équipe...

Si un nouveau participant vient de se joindre à votre équipe de marketing de réseau, donnez-lui le temps de développer sa conviction. Il est tout à fait adéquat de commencer à évoluer dans l'industrie avec de l'enthousiasme et un bon degré d'engagement. Ce sont de merveilleuses qualités. Je plains les gens qui traversent la vie sans elles. Mais à mesure qu'un représentant travaille systématiquement à faire grandir son entreprise, vous découvrirez que la force de sa conviction grandit avec elle.

Et conjointement avec la croissance de votre entreprise et avec le renforcement de votre conviction, les membres de votre équipe gagneront en maturité. Pendant ce processus, faites preuve de patience alors qu'ils apprennent à puiser dans le réservoir de la conviction. Rappelez-vous que de s'engager sur papier à devenir représentant n'est pas la même chose que de s'engager avec son cœur, son esprit et son âme. Il s'agit généralement de deux actes bien distincts. Les croyances de vos représentants sont encore à la phase du développement. Entre-temps, donnez-leur l'exemple et affichez votre enthousiasme et votre degré d'engagement. Faites-leur sentir que votre conviction ne cesse de grandir. Laissez le pouvoir de votre association leur insuffler l'énergie qui leur permettra de continuer à rêver, à espérer et à travailler sans relâche.

En dirigeant votre équipe en pleine croissance, ne perdez pas de vue que le mot « leader » n'est qu'une façon élégante de décrire un « serviteur ». Vous devez vous démarquer comme maître d'hôtel, comme celui qui travaille le plus dur, qui donne le plus et qui fixe la cadence. Après avoir accepté d'assumer la responsabilité de ce leadership, vous découvrirez l'autre côté de la médaille : ses avantages.

C'est tout récemment que j'ai réellement compris cette réalité alors que ma femme et moi dînions avec Bob et Liz McEwen. Bob est un ancien membre du Congrès qui, tout comme Liz, travaille maintenant à plein temps dans l'une des entreprises phares de l'industrie du marketing de réseau. Pendant que nous mangions tranquillement, je leur ai demandé quelle image du marketing était projetée dans leur organisation. Ils ont mentionné que le succès phénoménal de leur parrain avait marqué l'histoire du marketing de réseau, et qu'il était également l'une des personnes les plus riches d'Amérique. Lorsque je leur ai demandé comment il avait réussi aussi brillamment, Liz s'est contentée de dire : « Il pourrait être roi. Mais tout ce qu'il veut, c'est engendrer des rois. »

Voulez-vous ériger une grande entreprise prospère ? Suivez l'exemple de ce leader. N'essayez pas de vous élever au rang de roi ou de reine. Soyez plutôt celui qui fera naître des rois et des reines. Le reste ira de soi. Et n'oubliez pas que le mot « leader » n'est qu'une façon élégante de décrire un « serviteur ».

Chapitre 10

ÊTRE UN LEADER, C'EST AIDER LES AUTRES À DONNER LEUR PLEINE MESURE

Le marketing de réseau n'est pas seulement un moyen de générer d'importants revenus. La dignité et l'éclat de cette industrie passent souvent inaperçus alors que nous nous efforçons d'amener nos représentants à se distinguer en ce qui a trait à leur perception de soi, à ce qu'ils peuvent devenir et aux moyens qu'ils peuvent prendre pour y arriver. Bien que de nombreux aspects du marketing de réseau semblent attrayants aux yeux des gens, celui-ci les surpasse tous à mon avis.

Nombreux sont ceux qui rêvent d'occuper un poste de leadership. Et plus encore, ils rêvent d'acquérir les qualités propres au leadership. Mais il arrive que d'autres représentants, même s'ils occupent déjà un poste de leadership, ne comprennent pas très bien le véritable rôle du leader. Ceci devient particulièrement évident lorsqu'ils délaissent leurs tâches quotidiennes pour s'adonner à l'art de travailler avec ceux qu'ils ont le privilège de diriger. Certaines personnes sont plus habiles lorsqu'il s'agit de s'occuper de choses que de gens. L'accomplissement des tâches et la productivité sont des éléments essentiels du succès, mais ils ne sont que complémentaires au leadership.

Les leaders talentueux savent comment se comporter avec les gens qu'ils dirigent. Ils connaissent l'art et la science du travail avec autrui. Dans le monde du marketing de réseau, le leader doit garder plusieurs choses à l'esprit s'il veut faire grandir son équipe et son entreprise. Il doit croire en ceux qu'il dirige plus qu'ils ne croient en eux, et il doit savoir se montrer honnête avec eux, même s'il a parfois des choses difficiles à leur dire. Ce sont là deux des attributs les plus importants du leadership.

LE LEADER DOIT CROIRE EN CEUX QU'IL DIRIGE PLUS QU'ILS NE CROIENT EN EUX-MÊMES

Arrivés à l'âge adulte, nous avons tous prononcé tellement de mots que nous ne pouvons plus les compter. Curieusement, même si nous parlons chaque jour, la majorité d'entre nous n'ont pas véritablement compris que le langage a le pouvoir de transformer une vie ou de tout simplement illuminer quelque peu la journée de notre interlocuteur. Le leader doit comprendre le pouvoir du véritable encouragement.

D'innombrables personnes qui évoluent dans l'industrie du marketing de réseau (et aussi dans l'arène politique et le monde des affaires) réussissent brillamment pour une raison en particulier : quelqu'un a cru en eux plus qu'ils n'ont cru en eux-mêmes. Le pouvoir de cette foi leur a donné le courage de se lever et d'aller de l'avant. Il leur a donné l'énergie de poursuivre leurs rêves, qui se sont ensuite transformés en une réalité qui a changé leur vie.

Évitez le leadership fondé sur la honte

Lorsque des membres de votre équipe ne répondent pas à vos critères de rendement, veillez à ne pas tomber dans le piège du leadership fondé sur la honte. De nombreux leaders ont recours à la culpabilité et à la honte pour motiver les autres. C'est une forme courante de leadership, mais elle manque d'élégance. L'essence même du leadership est d'aider les autres à s'épanouir, et non de les briser. Ceci est particulièrement important dans le monde du marketing de réseau, car les représentants ne sont pas obligés de rester et de supporter ce type de harcèlement. Un grand nombre d'entre eux ont déjà quelqu'un dans leur environnement professionnel ou familial qui leur rappelle sans cesse qu'ils ne sont pas à la hauteur. Si nous commençons nous aussi à leur dire qu'ils sont nuls et qu'ils sont une source de déception ils nous quitteront rapidement. Ils sont à la recherche d'un groupe de référence positif et motivant. Si le leader arrive à leur procurer cet environnement, il pourra assister à un débordement de talent, d'énergie et de détermination qui étaient jusque-là en veilleuse.

Sachez voir ce qu'ils ont à offrir et partagez ce que vous voyez

Étudiez ceux avec qui vous avez le privilège de travailler. Quels traits de caractère, talents ou qualités voyez-vous en eux et qui pourraient devenir des atouts pour leur réussite future ? Par exemple, excellent-ils dans l'art de travailler avec autrui et de tenir compte des détails ? Font-ils preuve d'initiative ? Fonts-ils des suivis efficaces, sont-ils créatifs, enthousiastes et enjoués, ont-ils l'esprit d'équipe, et sont-ils appréciés par les autres ?

En tant que leader, étudiez leurs points forts. Voyez ce qu'ils ont à offrir et puis partagez ce que vous voyez. Ne gardez pas pour vous vos observations positives. Ce n'est pas sans raison que Mark Twain a dit pouvoir courir pendant 30 jours, poussé par la force d'un seul compliment. Il avait compris que les mots qui sont porteurs d'un authentique encouragement permettent aux gens de vivre dans un état de courage.

Mais le leader qui sait offrir un véritable encouragement aux autres devra tout de même, à l'occasion, tenir des propos négatifs. En fait, j'ai découvert que les gens sont plus réceptifs et portés à croire les choses aimables que j'ai à leur dire lorsqu'ils savent que je n'hésiterai pas à aborder des sujets épineux les concernant.

LE LEADER DOIT SAVOIR FAIRE PREUVE DE FRANCHISE

L'une des choses que j'estime le plus à propos du marketing de réseau, c'est le calibre des gens que cette industrie attire. En général, ce sont des gens fantastiques, amicaux, courtois, ouverts, excités par les possibilités qu'offre la vie et agréables à fréquenter. Souvent, leur plus grande force réside dans l'attitude décontractée et amicale qu'ils adoptent dans leurs relations avec les autres. C'est une qualité extraordinaire. Mais portée à l'extrême, elle peut devenir un handicap pour le leader, car il doit parfois dire des choses qui sont douloureuses à entendre. Il doit parfois devenir le messager de nouvelles qui ne sont pas plus agréables à annoncer qu'à entendre. Mais c'est un élément indissociable du leadership.

Toutefois, dans un grand nombre de groupes de marketing de réseau, l'atmosphère est détendue : tous se sentent les bienvenus et ont le sentiment qu'ils pourront développer leur entreprise comme ils l'entendent et faire les choses à leur manière en toute liberté. La devise semble être : « L'excellence sans contraintes ». D'une certaine manière, c'est le cas, car personne n'est en position d'autorité. D'un autre côté, alors que les individus « paient leur dû » au fil des ans et assurent la croissance de leur entreprise, leur attitude change. Ils commencent à prendre les choses beaucoup plus au sérieux. Par conséquent, ils commencent à accorder davantage d'importance au leadership et à la franchise dans leurs relations avec autrui.

Au début, de nombreux leaders tentent de diriger leur entreprise en pleine croissance en évitant les situations où ils doivent faire preuve de franchise envers les autres. C'est une intention louable, mais ce n'est pas possible. Veillez à ne pas confondre une attitude amicale et la popularité avec le leadership ; ce n'est pas toujours la même chose. *Si votre but est d'être aimé de tous, vous aurez de la difficulté à diriger qui que ce soit.*

Avec le temps, de nombreux leaders apprennent à la dure à mesurer toute la valeur de la franchise. L'exaspération, la frustration ou l'épuisement finit par les pousser à parler en toute franchise aux membres de leur équipe qui n'assurent pas efficacement la croissance de leur entreprise. Malheureusement, ces leaders n'agissent ainsi qu'en dernier ressort.

« Ils ont réussi pour une raison en particulier : quelqu'un a cru en eux plus qu'ils n'ont cru en eux-mêmes. »

Dans leur tout nouveau rôle de leader, ils tentent de faire preuve d'une infinie souplesse avec les membres de leur organisation. Ils revêtent un masque et se comportent comme si le manque de productivité et une mauvaise attitude n'étaient pas des problèmes. Ces leaders peuvent alors tenter d'ignorer la situation, de regarder ailleurs et de ravaler leur frustration. Par exemple, la plupart des vétérans du marketing de réseau savent ce que c'est que de parcourir des centaines de kilomètres, dans les airs ou sur la route, pour assister à une réunion n'ayant pas fait l'objet d'une promotion adéquate. Une fois sur place, ils constatent qu'il n'y a pas de nouveaux invités. Et aussi qu'un grand nombre des gens qui évoluent déjà dans l'industrie n'est pas présent. Ils cachent alors leur frustration afin de ne pas miner le moral des membres de leur équipe. Ils font comme si leur investissement de temps, d'argent et d'énergie n'avait aucune importance.

Mais en fin de compte, un grand nombre de ces représentants découvrent qu'ils souffrent d'une « indigestion émotionnelle » massive. Ils commencent à comprendre qu'ils sont davantage des « nigauds » que des serviteurs. Ils commencent à réaliser que leur temps et leurs efforts ne sont pas respectés ni pris au sérieux par ceux qu'ils tentent d'aider. Ils réalisent enfin que même s'ils doivent être disponibles pour les autres, ils n'ont aucune envie d'être exploités par les autres. Ils comprennent que leurs méthodes sont inefficaces. Au lieu de former une équipe de représentants indépendants, ils se retrouvent avec un groupe d'individus DÉPENDANTS qui n'évoluent pas en tant qu'équipe ni en tant que leaders.

Ceci peut constituer une expérience très utile et enrichissante pour la majorité des représentants. S'ils gèrent bien la situation, ils n'en sortiront pas irrités ou amers. Au contraire, cela les rendra plus endurants, plus forts, plus énergiques et directs. Ils se sentiront libres de parler en toute franchise à ceux qu'ils tentent de diriger. Ils deviendront plus spontanés, établiront des limites et préciseront leurs attentes.

Dire la vérité

En matière de véritable leadership, ce n'est pas parce qu'un représentant a un titre formel qu'il a le droit de dire aux autres des choses difficiles à entendre. Il doit mériter ce droit. Et il l'obtient après avoir fait comprendre aux autres qu'il se soucie d'eux, qu'il croit en eux et que leur réussite lui tient à cœur. Lorsque les autres comprennent bien qu'il veille à leur bien-être, il a alors le droit de parler. Et il devient ainsi beaucoup plus disposé à écouter.

De plus, le représentant fait preuve de maturité dans son leadership lorsqu'il sait quoi dire, comment le dire et quand le dire. C'est là un autre aspect vital de son travail. C'est peut-être pour cette raison que le roi David a écrit :

« L'homme sage qui choisit judicieusement ses paroles met de la persuasion sur ses lèvres. » Il comprend le pouvoir des mots, surtout lorsqu'il doit aborder un sujet délicat.

Les deux volets de la franchise : le contenu et le contexte

Deux volets de la franchise sont souvent négligés. Ce sont le contenu et le contexte. Le premier a trait à ce que nous disons, et le second à la façon dont nous le disons.

De nombreuses personnes qui évoluent dans le monde du marketing de réseau ne maîtrisent que l'un des deux volets. Certaines n'ont aucune difficulté à dire la vérité, c'est-à-dire qu'elles sont à l'aise lorsqu'il s'agit de parler de choses désagréables. Mais elles le font sans tenir compte des conséquences. Elles sont parfois rudes et insensibles et choisissent mal le moment de leur intervention. Il n'y a pas d'amour dans leurs échanges. Seulement de l'information. Ce déséquilibre rend les leaders moins efficaces que s'ils avaient appris à partager ce qu'ils ont à dire avec plus de douceur et de diplomatie.

D'un autre côté, il y a d'innombrables leaders dans le monde du marketing de réseau qui sont maladroits d'une autre façon. Ils excellent en ce qui a trait à l'aspect contextuel du leadership. Ils apprécient les gens avec qui ils évoluent et ils créent un climat de travail agréable. Ils veulent encourager les autres. Cependant, ils ne veulent que partager des pensées ou des sentiments agréables et positifs. Ils ne veulent froisser personne et ils souhaitent que tous soient heureux. Ils évitent donc de dire des choses qui pourraient bouleverser leurs interlocuteurs. Ils ne disent jamais rien qui soit négatif, même si c'est la vérité. Par conséquent, un grand nombre des individus qu'ils dirigent répètent sans cesse les mêmes erreurs parce que personne ne leur a dit ce qu'ils avaient besoin d'entendre. On ne leur a dit que ce qu'ils souhaitaient entendre. Au bout du compte, cela coûte cher à tout le monde.

Alors, comment faire ?

Tout en apprenant à faire preuve de franchise avec les membres de votre équipe, gardez un certain nombre de choses à l'esprit. Assurez-vous de leur avoir présenté votre entreprise sous son vrai jour. Demandez-vous si vous avez été suffisamment patient et positif. N'oubliez pas que la transmission d'informations négatives doit être faite avec parcimonie et avec beaucoup de tact et de respect.

Lorsque je travaille avec quelqu'un à qui je dois faire part d'une nouvelle négative (peu importe si cette personne est un membre de mon équipe de marketing de réseau, un chef d'entreprise ou un membre du Congrès), j'adopte la même approche. Je dis, par exemple :

« John, tu sais que je me soucie de toi ?

– Oui, Tom. Je n'en doute pas.

– Sais-tu que je te suis dévoué ?

– Oui, Tom. Je le sais.

– Sais-tu que je souhaite autant que toi te voir réussir dans cette industrie ?

– Je te crois, Tom.

– Je suis heureux que tu saches tout cela parce que, aujourd'hui, je vais t'assener un coup de massue. Si tu songes sérieusement à devenir un gagnant, tu dois faire attention à… »

Qu'est-ce que je fais pendant ce dialogue ? Je dis la vérité avec amour. Je mets en équilibre le contenu et le contexte. En fait, je pose un bras sur l'épaule de mon interlocuteur tout en lui donnant un coup de poing en pleine figure. C'est la profondeur de mon amour qui lui donne la force de supporter le poids de mon message.

À mesure que grandira votre équipe et que vous deviendrez plus à l'aise avec le leadership, vous devrez de temps en temps tenir des propos semblables. Vous trouverez peut-être utiles les questions et les commentaires suivants à mesure que vous deviendrez plus attentif à la gestion de votre temps :

« (Nom de la personne), tu sais que je me soucie de toi ?

« Sais-tu que je crois en toi ? Peut-être même plus que tu crois en toi-même !

« Sais-tu que je pense que tu as tout ce qu'il faut pour réussir brillamment dans notre industrie ?

« Très bien. Voici autre chose que je veux que tu saches.

« Si tu veux apprendre, je serai ton professeur.

« Si tu veux me suivre, je te guiderai.

« Si tu veux devenir un leader, je te donnerai tous les outils nécessaires.

« Si tu veux être "un joueur" dans mon équipe. Je t'aiderai. Mais si tu veux uniquement t'amuser, je n'aurai pas de temps à te consacrer.

« Si tu veux ériger une entreprise sérieuse, alors je m'engagerai sérieusement envers toi. Mais si tu ne souhaites pas dépasser le statut d'amateur, alors je travaillerai avec quelqu'un d'autre.

« Réfléchis. Je sais à quel point je crois en toi et en notre industrie. Je veux seulement savoir où tu te situes dans tout ça. »

Pour certains, ces propos pourront sembler trop directs. En réalité, lorsqu'ils sont adéquatement tenus, ils sont très libérateurs et permettent de fixer des attentes et des limites qui seront claires pour tous. Cela évite à ceux qui tentent sérieusement d'ériger une entreprise prospère de perdre leur temps avec des représentants sans ambition. De plus, cela permet à ceux qui ne veulent que s'amuser de le faire sans ennuyer leur parrain. Lorsqu'on connaît les intentions d'un représentant, on est en mesure de travailler respectueusement avec lui ou à côté de lui.

Avec le temps, les représentants verront grandir leurs aptitudes au leadership. Alimentés par leur enthousiasme, leur degré d'engagement et leur conviction, ils gagneront en maturité en même temps que grandira leur entreprise. Les attitudes suivantes apparaissent couramment chez ceux qui travaillent sérieusement à la création d'une grande entreprise prospère.

– Ils abordent leur travail dans l'entreprise avec davantage de sérieux. Ils le trouvent encore très agréable, mais il est parfaitement clair à leurs yeux que leur entreprise à domicile est devenue, ou est en train de devenir, un projet majeur. Plus ils constatent l'ampleur de l'occasion qui leur est offerte, moins ils font preuve de nonchalance envers ceux qui ne font que s'amuser autour d'eux.

– Ils commencent à s'investir dans ceux qui sont prêts à apprendre et qui démontrent un désir sincère de se lancer en affaires.

– Ils commencent à se montrer moins patients et moins tolérants envers les gens qui n'ont qu'une seule spécialité : trouver des excuses pour expliquer pourquoi ils n'ont pas respecté leurs engagements.

– Ils deviennent plus prudents lorsqu'ils consacrent du temps à quelqu'un. Comme la demande en matière de temps augmente, ils y accordent davantage de valeur. Ils sont moins prompts à laisser les autres le gaspiller.

– Ils sont reconnaissants aux membres de leur équipe qui « se branchent au système » lorsqu'ils comprennent la structure invisible qui permet de faire fortune dans l'industrie du marketing de réseau.

Rappelez-vous que la prospérité découle de la profondeur. La profondeur est tributaire de la duplication. Et la duplication dépend d'un système très simple. Inversement, ils sont moins sensibles aux individus qui ne s'intègrent pas au système. Ils savent alors qu'il est peu probable que ces gens connaissent un succès important et durable.

À certains égards, les leaders qui évoluent dans l'univers du marketing de réseau sont comme des entraîneurs sportifs. Ils ont l'œil et sont capables d'évaluer les gens. Ils cherchent des individus remplis de talent, avides d'apprendre et qui ont du cœur. Ils apprennent à déterminer si un individu s'est véritablement engagé dans son entreprise. Voici une description sommaire des divers degrés d'engagement que l'on peut déceler chez un représentant :

DEGRÉS D'ENGAGEMENT

Niveau 1 : **Un caprice** – il s'est engagé sur un coup de tête ; il n'a pas l'intention de travailler sérieusement à la création d'une entreprise ; il fait un essai afin de voir si c'est amusant.

Niveau 2 : **Un jeu** – il n'a pas d'attentes sérieuses ; il ne fait que jouer avec l'entreprise ; il s'amuse.

Niveau 3 : **Un loisir** – il y voit une sorte de divertissement ; il ne cherche que le plaisir et manifeste peu d'intérêt envers l'entreprise.

Niveau 4 : **Une activité anodine** – il s'engage pour s'amuser en songeant que cela pourrait générer un petit salaire d'appoint ; son engagement est modeste et ses attentes sont minimales.

Niveau 5 : **Une petite affaire à domicile** – son engagement est modéré et ses attentes financières sont modestes ; il se demande si l'entreprise saura même générer quelques centaines de dollars par mois.

Niveau 6 : **Une entreprise** – il s'engage en nourrissant des attentes plus élevées ; il considère le marketing de réseau avec un sérieux modéré ; il réalise que l'entreprise pourrait générer quelques milliers de dollars par mois.

Niveau 7 : **Une occasion** – il considère que l'entreprise a du potentiel, que c'est « une occasion parmi d'autres » ; il croit que, prise au sérieux, elle pourrait à la longue générer d'importants revenus mensuels.

Niveau 8 : **MON entreprise** – on constate une nette augmentation du degré d'engagement, ainsi que des attentes beaucoup plus élevées ; la notion de propriété personnelle apparaît.

Niveau 9 : **MON occasion** – forte prise de conscience de l'invitation que représente le marketing de réseau à changer sa vie et son avenir financier ; fort degré d'engagement et attentes élevées.

Niveau 10 : **MON ENTREPRISE, MON OCCASION, MON MOMENT, MON VÉHICULE** – on constate un bond gigantesque en matière de vision, de compréhension et de conviction ; il a une attitude qui laisse entendre : « Je fais partie de cette entre-

> prise et cette entreprise fait partie de moi »; il l'a « dans le sang »; l'ampleur de l'occasion ne lui échappe pas; les retombées financières lui apparaissent clairement; il s'engage à long terme et cet engagement est total.

Cet ensemble d'éléments tel qu'on peut passer de l'un à l'autre de façon continue illustre les divers degrés d'engagement que peuvent avoir les gens envers leur entreprise. Les leaders apprennent à détecter le degré d'engagement d'autrui, et ils créent un environnement propice à leur progression.

En examinant ce continuum, rappelez-vous que le degré d'engagement d'un individu peut évoluer. Il n'est pas fixe et il peut fluctuer vers le haut et vers le bas. Pour de nombreuses personnes, la croyance et le degré d'engagement s'intensifient avec le temps, uniquement grâce à leur association avec des gens motivés et prospères. D'innombrables individus s'engagent dans une entreprise de marketing de réseau en n'ayant pratiquement aucune vision. Ils sont à peine conscients de l'immense potentiel de l'industrie.

Cependant, à force de fréquenter des gens enthousiastes, motivés, animés d'une vision claire et qui réussissent, ils commencent à développer une vision qui leur appartient et ils voient augmenter leurs attentes et leur degré d'engagement. Lorsque ce dernier atteint son paroxysme, ils travaillent patiemment avec d'autres représentants moins engagés parce que certains d'entre eux connaîtront le même cheminement qu'eux.

« Si votre but est de vous faire aimer de tous, alors vous aurez de la difficulté à diriger qui que ce soit. »

En évaluant le degré d'engagement des autres, n'oubliez pas que les gens entrent dans le monde du marketing de réseau pour trois raisons : l'affiliation, la reconnaissance et la rémunération. La motivation de ceux qui s'engagent pour l'affiliation est d'ordre social et relationnel. Ils sont heureux de faire de nouvelles connaissances, apprécient les réunions de groupe ou les événements spéciaux, et ils s'amusent. Le revenu qui y est associé les laisse plutôt indifférents. De même, ceux qui s'engagent pour la reconnaissance ne sont pas motivés par l'appât du gain. Ils souhaitent avant tout trouver un créneau où leurs talents et leurs contributions seront appréciés. Ils désirent ardemment que leur valeur soit reconnue et appréciée par les autres.

Les gens qui s'engagent avant tout pour l'affiliation et la reconnaissance peuvent représenter un atout pour n'importe quelle équipe. Ceux qui s'engagent pour l'affiliation peuvent apporter un caractère ludique à l'entreprise, et ceux qui s'engagent pour la reconnaissance peuvent se révéler d'excellents travailleurs lorsqu'ils sentent que les autres sont sensibles à leurs efforts. Dans un cas comme dans l'autre, leur degré d'engagement peut augmenter de façon considérable avec le temps, lorsqu'ils commencent à comprendre le potentiel de l'entreprise en ce qui a trait aux revenus. Soyez patient avec ces gens, car un grand nombre d'entre eux deviennent, presque accidentellement, les représentants les plus performants de leur entreprise.

Quand pourrai-je commencer à diriger?

On me pose souvent la question suivante: «Tom, quand est-ce que je pourrai agir en tant que leader? Quand est-ce que je pourrai sauter dans l'arène et commencer à diriger mon équipe? Quand est-ce que je me sentirai suffisamment à l'aise pour dire aux gens ce qu'ils ont besoin d'entendre et non pas seulement ce qu'ils souhaitent entendre?» Ce sont là d'excellentes questions. Et ma réponse renferme généralement les éléments suivants:

VOUS COMMENCEREZ À PRENDRE LE LEADERSHIP AU SÉRIEUX:

1. *Lorsque VOUS commencerez à prendre au sérieux l'industrie du marketing de réseau.*
2. *Lorsque VOUS commencerez à prendre VOTRE entreprise au sérieux.*
3. *Lorsque VOUS commencerez à prendre votre temps au sérieux.*
4. *Lorsque VOUS commencerez à songer sérieusement à servir votre équipe.*
5. *Lorsque VOUS commencerez à vous prendre au sérieux.*

Si vous êtes un nouveau venu dans l'univers du marketing de réseau, ne laissez pas l'idée de devenir un leader vous bouleverser. Donnez-vous la permission de vous épanouir dans les rôles de leadership que vous occuperez successivement tout au long de la croissance de votre entreprise. Rappelez-vous seulement que le leader n'est qu'un serviteur en chef. Vous avez le privilège d'aider les autres à atteindre leurs buts et à concrétiser leurs rêves en croyant en eux, en les encourageant, et en étant honnête avec eux. C'est souvent pendant le processus qui consiste à canaliser leur énergie dans le but d'aider les autres à construire leur entreprise que de nombreux représentants découvrent qu'ils sont devenus des leaders.

Lorsqu'on souhaite ériger une entreprise de marketing de réseau, il est facile de faire fausse route par inadvertance. Je vous propose donc d'adopter une approche simple afin de ne pas dévier de votre trajectoire, d'assurer la croissance de votre entreprise et de bien diriger votre équipe.

CONCENTREZ VOTRE ATTENTION SUR VOS REPRÉSENTANTS ET NON SUR LES REVENUS.

CONCENTREZ-VOUS SUR LES GENS ET NON SUR LE PROFIT.

CONCENTREZ-VOUS SUR LA RÉUSSITE D'AUTRUI ET NON SUR L'ARGENT.

CONCENTREZ-VOUS SUR VOTRE CHAÎNE DE REPRÉSENTANTS ET NON SUR LES PRIMES.

Si vous vous souciez davantage des revenus que de vos représentants, vous n'aurez pas beaucoup d'argent à compter. Mais si vous vous concentrez sur le développement de votre chaîne de représentants et non sur le profit, vous pourriez au bout du compte vous retrouver avec plus d'argent que vous ne pourrez en compter. Dans l'industrie du marketing de réseau, un merveilleux paradoxe auréole le succès : la seule façon d'atteindre le sommet consiste à se pencher et à aider les autres.

« Les leaders sont comme des entraîneurs sportifs. Ils cherchent des individus remplis de talent, avides d'apprendre et qui ont du cœur. »

Les leçons d'un autre leader

Il y a quelque temps, ma femme et moi dînions avec un autre couple. Au cours de la conversation, j'ai découvert que l'homme avait servi dans l'état-major personnel du général George Patton pendant sa carrière militaire. Cela a naturellement éveillé ma curiosité et je lui ai posé un grand nombre des questions qui nous viennent à l'esprit quand nous songeons à ce grand leader. J'ai demandé à mon interlocuteur de me décrire la personnalité du général, une journée de travail à ses côtés et son revolver à la crosse ornée de perles.

Et puis, je lui ai demandé s'il était vrai que le général Patton était aussi aimé et respecté par ses hommes que les récits historiques le relataient. Sans aucune hésitation, il a répondu : « Et comment ! » Je lui ai alors demandé de m'expliquer pourquoi il en était ainsi. Après un moment de réflexion, il a dit : « Parce qu'il aimait ses hommes, et parce qu'il croyait en ce qu'il faisait. »

Pendant que vous apprenez ce qu'est faire preuve de leadership dans une armée de volontaires, aimez les hommes et les femmes qui forment votre équipe. Jouez un rôle dans la perception qu'ils ont d'eux-mêmes, dans ce qu'ils peuvent devenir et accomplir. Et croyez en ce que vous faites.

Chapitre 11

ÊTRE UN LEADER, C'EST TRACER LA VOIE

Avez-vous déjà remarqué que les villages et les villes de l'Amérique tout entière cherchent à acquérir une certaine notoriété? Leurs habitants tentent de trouver cette caractéristique qui rend leur collectivité unique et qui leur permet d'en être fiers. De fait, ils installent généralement un panneau d'accueil à l'entrée de leur localité pour nous en rappeler l'unicité.

J'ai grandi à Des Plaines, dans l'Illinois, une petite ville qui a elle aussi un caractère particulier. C'est à Des Plaines que le premier restaurant-minute McDonald's a ouvert ses portes. Il s'y trouve toujours et a été transformé en musée. Non loin se trouve l'université du Hamburger où sont formés les franchisés et les gérants des nouveaux restaurants McDonald's.

Je me rappelle encore que l'entreprise ait proclamé avoir vendu « un million » de hamburgers le jour où l'arche désormais célèbre a été installée. La progression du volume des ventes a ensuite été affichée par bonds d'un million. Finalement, la direction s'est contentée de proclamer : « Nous avons vendu des millions et des millions de hamburgers ». Et maintenant, il est simplement question de « milliards de hamburgers vendus » sur l'affiche.

Plusieurs choses m'étonnent à ce sujet. Les gens de ma communauté ont été les témoins de l'un des plus extraordinaires cas de réussite qu'a connu le monde des affaires. Nous avons vu McDonald's grandir à partir d'une simple idée et d'un unique restaurant, et puis devenir une force économique mondiale. La majorité des habitants de la ville n'avaient pas conscience de cette croissance. Certains d'entre eux admiraient la réussite de l'entreprise, mais sans songer à s'y engager. Mais peu ont été assez malins pour comprendre ce qui se passait et oser s'engager activement en tant que premiers franchisés.

Ce genre de méprise se produit chaque jour en Amérique et ailleurs dans le monde. Les gens sont entourés d'entreprises de marketing de réseau de grande qualité. La majorité d'entre eux ne verront jamais les occasions qu'elles offrent, alors que d'autres admireront leurs réalisations sans jamais s'engager activement dans l'une d'elles. Mais quelques individus y verront une grande occasion, la saisiront et, ce faisant, changeront leur avenir et leur vie.

Considérez l'acquisition de chaque nouvelle recrue comme l'ouverture d'un nouveau magasin

Nous pouvons tirer un riche enseignement de la réussite et de la croissance phénoménales de McDonald's, car en quelque sorte notre industrie est similaire à cette entreprise. Cette analogie paraît beaucoup plus évidente *si vous comparez chaque nouveau représentant qui adhère à votre entreprise à l'ouverture d'un nouveau magasin ou d'une nouvelle franchise.* Cet angle privilégié vous permettra d'adopter une approche beaucoup plus positive envers chaque membre de votre équipe et de souscrire pleinement à leur formation afin qu'ils réussissent en affaires.

Tout en comparant McDonald's à notre industrie, revenons brièvement sur ma théorie selon laquelle une infrastructure invisible soutient toute entreprise de marketing de réseau prospère. Nous tenterons ensuite de démontrer si McDonald's comprend et met en application le même processus.

La ***PROSPÉRITÉ*** découle de la ***PROFONDEUR***.

La ***PROFONDEUR*** est tributaire de la ***DUPLICATION***.

La ***DUPLICATION*** dépend d'un ***SYSTÈME***.

Le ***SYSTÈME*** est le fruit de la ***SIMPLICITÉ***.

En tant qu'entreprise, est-ce que McDonald's a généré des revenus phénoménaux ou, pour utiliser notre terminologie, la **prospérité** ? Absolument. Mais comment y est-elle arrivée en commençant par un seul restaurant ? Elle y est arrivée en créant de la **profondeur** dans son organisation.

Un restaurant à la fois. Aujourd'hui, cette profondeur se traduit par des dizaines de milliers de restaurants à travers le monde.

Pourquoi McDonald's a-t-elle connu une telle expansion ? Parce que, dès le début, l'entreprise a misé sur la **duplication**. Son but n'était pas de posséder le restaurant le plus chic, de servir le meilleur hamburger ou d'offrir le menu le plus élaboré. Sa croissance fulgurante est attribuable à une duplication continue, à l'ouverture d'un restaurant après l'autre, systématiquement. Peut-être est-ce pour cette raison que Steve Schulz, un brillant leader qui gagne une petite fortune dans l'industrie du marketing de réseau, se pose toujours la même question lorsqu'il se met au lit chaque soir : « Est-ce que les membres de mon équipe sont en mesure d'accomplir ce que j'ai accompli dans mon entreprise aujourd'hui ? » Il comprend le pouvoir de la duplication.

Pourquoi McDonald's a-t-elle connu un succès exceptionnel en ouvrant des milliers de nouveaux restaurants alors que l'expansion est justement ce qui cause la perte de nombreuses entreprises ? Un facteur déterminant permet d'expliquer ce phénomène. Le processus de duplication a été une réussite parce que l'entreprise avait un système. Et le génie de ce système reposait sur sa **simplicité**. Il était tellement simple qu'il pouvait aisément être reproduit de façon systématique. Le menu d'origine n'était pas très élaboré : boissons gazeuses, laits frappés, un format de frites et un seul type de hamburger !

En misant sur la simplicité, McDonald's a réussi à créer un système reproductible qui a donné lieu à une profondeur organisationnelle. Et globalement, chacun de ces systèmes a permis à l'entreprise d'atteindre son objectif: réaliser d'énormes bénéfices (connaître la prospérité). Notez toutefois que McDonald's a atteint son but initial *en se concentrant sur autre chose*: l'élaboration d'un système simple, et donc reproductible. Dans le monde des affaires, on entend souvent l'expression « déléguer ou périr »; dans le monde du marketing de réseau, l'équivalent est « dupliquer ou périr ».

Examinons maintenant le processus entourant l'ouverture d'un restaurant McDonald's d'un point de vue linéaire. Nous le comparerons ensuite à la croissance d'une entreprise de marketing de réseau.

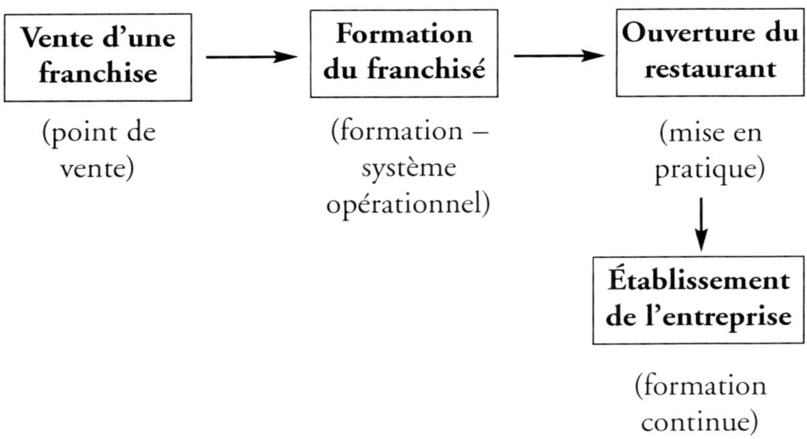

Il est vrai qu'il s'agit là d'une représentation extrêmement simplifiée du processus employé par McDonald's. Mais c'est aussi une méthode qui permet de très bien illustrer la croissance dans notre industrie. McDonald's est présente dans *toutes les phases du processus*: vente de la franchise, formation du franchisé et du personnel, ouverture de l'établissement et formation continue pour assurer un succès durable. Et c'est exactement ce que nous devons faire dans l'industrie du marketing de réseau.

Remarquez que McDonald's ne veut pas uniquement vendre des restaurants ou des franchises. L'entreprise souhaite vendre, ouvrir et établir chaque établissement. Si elle ne voyait pas plus qu'une « simple transaction » dans la vente de chaque franchise, la qualité lui échapperait totalement. C'est pourquoi elle s'emploie résolument à assurer la réussite de chacune de ses franchises. Et c'est pourquoi elle a instauré un système de formation rigoureux que doivent suivre tous les membres de son personnel.

C'est ce système de formation, jumelé à un engagement envers le succès durable de chacune de ses franchises, qui garantit la réussite future de McDonald's dans des milliers de sites éventuels. Grâce à un système efficace qui peut aisément être reproduit, l'entreprise jouit maintenant à l'échelle mondiale d'une clientèle qui lui fait confiance sous l'angle de la qualité et du service. Il en résulte des clients satisfaits ainsi qu'une situation gagnante pour l'entreprise, ses actionnaires, ses franchisés et ses employés.

Comme McDonald's, voyez au-delà du « point de vente »

Ce processus est également pertinent dans l'univers du marketing de réseau. En tant que leaders d'équipes en pleine croissance, nous devons voir au-delà du point de vente (du recrutement de nouveaux représentants). Comme McDonald's, nous devons offrir à nos recrues un système qui leur permettra de connaître un succès durable. Les nouveaux représentants, et plus particulièrement ceux qui n'ont aucune expérience du marketing de réseau, veulent que nous les guidions. Après avoir pris la décision de s'engager dans l'industrie, ils se demandent: *« Qu'est-ce que je dois faire maintenant? »* Nous devons les orienter et leur indiquer la voie à suivre, de manière à ce qu'ils sachent tirer parti de l'occasion qui leur est offerte.

D'ailleurs, à mesure que l'industrie du marketing de réseau gagne en maturité, elle attire davantage de gens qui y voient un moyen très sérieux et appréciable de brasser des affaires. Ces individus érigent leur entreprise avec le même degré d'effort, de patience et de professionnalisme qu'ils investiraient dans tout autre projet commercial. Le travail ne leur fait pas peur; ils demeurent imperturbables devant une croissance lente ou la déception, et ils savent ce que c'est de vivre dans le fuseau horaire de l'entrepreneuriat.

Ces individus n'ont pas choisi de s'engager dans une entreprise de marketing de réseau parce qu'ils voulaient voyager gratuitement ou gagner dans cette industrie l'équivalent d'un gros lot à la loterie. On parraine alors un individu qui a une plus grande vision, plus de passion et de succès que nous. En retour, le nouveau représentant devient une aubaine pour ceux qui le précèdent dans la hiérarchie. C'est de la chance, pas du leadership. C'est un gain financier, et non pas une réalisation personnelle.

« Comparez chaque nouveau représentant qui adhère à votre entreprise à l'ouverture d'un nouveau magasin ou d'une nouvelle franchise. »

Cette nouvelle ère qui s'ouvre pour le marketing de réseau apporte un soulagement bien mérité après les premiers balbutiements de l'industrie. À cette époque, il y avait trop de battage publicitaire, trop de fausses attentes étaient créées, et pas assez de soutien n'était offert. Il y avait trop de gens qui s'imaginaient être de grands bâtisseurs d'entreprises alors qu'ils n'étaient rien de plus que des escrocs qui ne voyaient qu'un nouveau point de vente dans chaque nouvelle recrue. Ils ne prenaient que le minimum de temps nécessaire pour convaincre les nouveaux représentants de devenir membres de leur entreprise. Et puis ils prenaient leur argent et disparaissaient dans la nature. Cette attitude « désinvolte » n'avait rien à voir avec le fait d'être un leader, de constituer une équipe ou d'être une femme ou un homme d'affaires sérieux. Ces individus ont laissé dans leur sillage un grand nombre de gens dégoûtés par l'industrie tout entière.

Comme l'expose clairement Richard Poe dans ses excellents ouvrages, cette pratique n'est plus la norme dans notre industrie. L'intégrité et le raffinement y sont de plus en plus présents. Le marketing de réseau est une industrie colossale. L'industrie est en pleine émergence, et elle est là pour rester. Les gens qui érigent leur entreprise en enseignant à leur équipe les rudiments d'un système reproductible connaîtront le pouvoir engendré par la croissance exponentielle et les revenus résiduels de cette industrie.

Tout en reconnaissant que McDonald's utilise un système qui garantit un succès durable, certains lecteurs pensent peut-être : « Tom, je n'ai jamais reçu de véritable formation. Par conséquent, je ne peux recourir à aucune méthode systématique pour ériger mon entreprise. Et je n'ai certainement pas de méthode systématique pour former les membres de mon équipe. Qu'est-ce que je dois faire maintenant ? » Ce sont d'excellentes réflexions. La réponse est moins complexe que vous le pensez. En tant que leaders, nous traçons la voie sur laquelle s'engageront nos représentants, et plus particulièrement les nouveaux venus dans l'industrie.

UNE VOIE TRACÉE D'AVANCE

Vous rappelez-vous ce jouet appelé « slinky » ? Il s'agit d'un fil de métal enroulé qui se déploie comme un accordéon. Le slinky est capable de descendre tout seul un escalier en basculant sur lui-même. Il suffit d'en tenir la base au sommet de l'escalier et d'en diriger ensuite la partie supérieure sur la première marche. En atterrissant sur cette dernière, son impulsion tire la section postérieure et la fait basculer sur la marche inférieure. Bien exécuté, ce processus se répète jusqu'au bas de l'escalier. Mais qu'est-ce qui fait en sorte que le slinky se rende jusqu'en bas ? C'est le lancement initial qui détermine la réussite ultime. Si l'élan est adéquat et bien orienté, son parcours est impeccable.

Lorsque nous nous assurons que les gens connaissent un bon départ dans notre industrie, le résultat peut être le même. S'ils s'y engagent avec un élan adéquat et dans la bonne direction, il est plus que probable qu'ils ne dévieront pas de leur trajectoire et qu'ils réussiront. C'est pourquoi de grandes entreprises comme McDonald's « tracent la voie ». En ayant des rails sur lesquels s'engager, et forts de ces directives, les gens savent précisément quels gestes ils doivent accomplir dès leurs premières heures, premiers jours et premières semaines d'activité dans l'industrie.

Les premières heures et les premiers jours d'un nouveau représentant sont cruciaux. Même si son enthousiasme est élevé, sa conviction peut être faible. Ses croyances en sont encore à la phase du développement, et son degré d'engagement est, selon toute probabilité, encore incertain. Il attend de voir si « cette chose » donnera des résultats. Moins il dispose d'aide et d'orientation pendant ces premières heures et ces premiers jours, plus il risque d'être la proie de la frustration, de l'enlisement et du désir d'abandonner.

Trop de gens talentueux et bien intentionnés cessent de travailler dans l'industrie parce qu'ils ne savent pas comment faire progresser leur entreprise. Et la situation est encore plus triste pour ceux à qui personne n'a indiqué la voie à suivre. Dans son désir de se lancer dans l'industrie du marketing de réseau, un représentant peut tenter de parler à d'autres de son entreprise, mais échouer quand même lamentablement. Il fait alors l'erreur courante de trop parler, de ne pas assez écouter, et se montrer exagérément enthousiaste, tant et si bien que ses amis commencent à se demander s'il n'est pas tombé dans les filets d'une secte quelconque ! Cette inquiétude les pousse non seulement à éviter tout engagement dans l'industrie, mais aussi à tout faire pour convaincre leur ami de s'en éloigner !

On ne peut pas blâmer le nouveau représentant, qui reconsidère sa décision après avoir vécu plusieurs fois cette expérience qui obscurcit sa vision, d'installer le doute dans son esprit et d'étouffer son enthousiasme. Je connais ces erreurs parce que je les ai faites très souvent à mes débuts dans l'industrie. Et il m'arrive encore d'en faire. Un exemple de voie à suivre et le soutien du parrain peuvent minimiser ces erreurs qui sont douloureuses pour les nouveaux venus, et presque comiques pour les vétérans.

Comment savoir si vous indiquez la voie à suivre aux membres de votre équipe

Permettez-moi de vous poser une question. Supposons qu'un membre de votre équipe s'adresse à vous, le leader, et vous demande : « Je viens d'arriver dans l'industrie, mais je suis entièrement disponible et prêt à apprendre. Quelles sont les 10 premières choses que vous souhaiteriez que je comprenne et que je fasse ? » Serez-vous prêt à lui présenter une liste imprimée (et non le manuel de votre entreprise) lui dictant les premières choses à faire pour réussir dans la création de sa nouvelle entreprise ?

Si ce n'est pas le cas, il est fort probable que les gens qui se joignent à votre équipe ne bénéficieront pas de « rails sur lesquels s'engager ». Ce simple document pourrait bien être le plus beau cadeau que vous, en tant que leader, puissiez offrir à votre équipe. Les « rails » que vous proposerez différeront d'une entreprise à l'autre. Vous devrez travailler avec votre représentant lorsqu'il abordera les éléments suivants :

- Pour quelle raison est-ce que je m'engage dans cette entreprise ?
- Qu'est-ce que je veux retirer de mon entreprise ?
- Quand est-ce que je tiendrai ma première réunion à domicile ?
- À quelle date aura lieu ma première séance de formation ?

- Comment faire pour dresser la liste des noms et des numéros de téléphone des gens avec qui je communiquerai au sujet de ma nouvelle entreprise?
- Quand est-ce que je rencontrerai mon parrain et commencerai à prendre contact avec les gens de ma liste par le biais de conférences à trois?

* Matériel essentiel pour partir du bon pied.

* Suggestions de livres, de cassettes audio ou de cassettes vidéo.

* Directives pour l'impression de cartes professionnelles.

* Formulaires variés devant être remplis.

* Principes généraux que le nouveau représentant doit assimiler. Par exemple, les trois principes du marketing de réseau ou les quatre ingrédients du succès.

(* Les éléments précédés d'un astérisque devraient déjà figurer sur la liste imprimée que vous donnerez à votre nouveau représentant.)

SUGGESTIONS DE «RAILS À PROPOSER»

Le fait d'indiquer une voie à suivre aux membres de votre équipe est utile pour plusieurs raisons:

1. Cela aide vos nouveaux représentants à comprendre ce qu'ils doivent faire dès les premiers instants de leur engagement dans l'entreprise. Cela leur donne un but bien précis qui leur permet de mettre leur énergie au service de leur enthousiasme, de la canaliser, de passer rapidement à l'action et de réussir promptement.

2. Cela accroît votre efficacité en tant que leader. Vous êtes ainsi en mesure de proposer à vos représentants une orientation et des moyens d'action précis.
3. Cela vous permet de déterminer à quel point vos représentants prennent l'industrie au sérieux.
4. Cela accroît la probabilité que vos représentants sachent plus tard diriger leur propre équipe, car ils reproduiront votre comportement.
5. Cela génère un cycle continu de concentration, d'action, de qualité et de résultats au sein de votre équipe.

Lorsque les leaders tracent une voie à suivre, ils réduisent leur entreprise à sa plus simple expression et aux moyens d'action les plus importants. Le résultat est significatif. Cela insuffle dans leur organisation l'habileté à enseigner, à diriger et à accompagner.

TRACER LA VOIE PERMET AU LEADER DE MIEUX :	**ENSEIGNER**	**DIRIGER**	**ACCOMPAGNER**

TRACER LA VOIE PERMET AU LEADER DE DÉCOUVRIR QUI EST :	**APTER À APPRENDRE**	**APTE À SE LAISSER GUIDER**	**APTE À SE FAIRE ACCOMPAGNER**

CETTE VOIE TRACÉE D'AVANCE PERMET AU LEADER ET À SON ÉQUIPE DE DÉTERMINER LA PROCHAINE ÉTAPE

En proposant à ses représentants des rails sur lesquels s'engager, le leader est en mesure de diagnostiquer toute lacune dans la croissance de son équipe. Il y a généralement une ou deux explications lorsqu'un représentant ne réussit pas lors de la phase initiale de la création de son entreprise. Soit on ne lui a pas indiqué sur quelle voie s'engager, soit il n'en voit pas l'utilité.

Lorsqu'une trop grande compétence devient de l'incompétence

Les professionnels qui s'engagent dans l'industrie du marketing de réseau font souvent fi de ces rails qu'on leur propose. Ils sont convaincus que tout sera facile, qu'aucune habileté particulière n'est requise, et qu'ils en savent davantage que leur parrain sur la façon de diriger des gens ou de gérer une entreprise. De plus, ils sont certains qu'ils arriveront rapidement et sans effort à motiver leurs amis et à les amener à s'engager dans leur entreprise à cause de la logique irréfutable de leur présentation.

C'est ce qui est arrivé à Bill, un professionnel qui souhaitait ardemment réussir dans son entreprise de marketing de réseau. Il était très motivé, avait une grande expérience du travail en équipe, et il savait comment se fixer des objectifs et gérer son temps. C'était un candidat parfait pour cette industrie. Ironiquement, ces prodigieuses habiletés et son expérience qui auraient dû être des gages de succès sont justement ce qui l'a empêché de réussir. Ses points forts sont devenus ses points faibles. Ils l'ont rendu inapte à tout apprentissage. Et on ne sait plus trop ce qu'il va faire.

Un soir, j'ai téléphoné à Bill pour savoir comment il allait. Je pouvais sentir son enthousiasme et un authentique désir d'assurer la croissance de son entreprise. Mais en même temps, je sentais sa frustration croissante et le doute qui s'installait dans son esprit quant à l'avenir de cette même entreprise. Finalement, je lui ai dit :

> « Bill, sais-tu à quoi je pense lorsque je t'entends parler ? Je connais ton talent et ton désir de réussir. Je sais que tu es très doué. Tu pourrais supplanter la majorité des gens dans cette industrie. Mais tu ne le fais pas, et tu ne le feras pas. Tu es comme une locomotive dotée d'un pouvoir, d'une énergie et d'un potentiel infinis. Et malgré tout, tu ne vas nulle part, car tu es une locomotive qui n'a pas de rails sur lesquels avancer.
>
> « Par conséquent, tu es complètement enlisé dans la boue. Tu es coincé. Et tu le resteras tant que tu ne reconnaîtras pas avoir besoin d'une méthode simple et systématique pour ériger ton entreprise. Bill, lorsque tu prendras la décision de rassembler tout ton talent et d'y mettre toute ton énergie en t'engageant sur des rails bien droits, alors tu commenceras à avancer. De même, ton équipe pataugera dans la boue tant que tu ne leur indiqueras pas une voie toute simple à suivre. Comme toi, Bill, les membres de ton équipe n'ont pas besoin de motivation. Ils ont besoin d'être orientés. Ils ont besoin qu'on leur indique la voie à suivre. Lorsque tu commenceras à utiliser les rails qu'on te propose, ton équipe et toi partirez pour la gloire. »

J'étais en mesure de comprendre le lent départ de Bill parce j'avais eu la même attitude que lui à mes débuts dans l'univers du marketing de réseau. J'étais exagérément confiant, inconscient de mon ignorance, et je ne me doutais pas qu'il existait une courbe d'apprentissage dans cette industrie, comme dans toute autre entreprise. Cette arrogance me rendait inapte à l'apprentissage, et aveugle devant le besoin de faire preuve de simplicité dans l'univers du marketing de réseau.

Au début, j'ai assisté à des réunions et j'en sortais embarrassé par leur simplicité et leur manque flagrant de « professionnalisme » tel que je l'avais toujours connu dans le monde des affaires. Je m'assoyais parmi les auditeurs et je me disais : *« Si cette personne peut gagner 70 000 $ par mois avec une présentation aussi simple, combien pourrais-je gagner si je faisais la même présentation de façon plus professionnelle ? »* J'étais impatient de commencer. Je n'avais pas besoin d'aide, de formation, ou de rails. Il fallait tout simplement qu'on me laisse le champ libre. Étant un individu entreprenant, je me suis lancé et j'ai travaillé dur pendant un an. Je planifiais des réunions, je faisais des présentations et je faisais de mon mieux pour faire connaître mon entreprise.

Un jour, j'ai compris que je travaillais plus dur que les autres, mais sans faire de progrès remarquables. Admettant que je réussissais de façon bien modeste, j'ai dû analyser la situation. J'ai finalement commencé à voir où j'avais fait des erreurs. La fusion de mon expérience, de mon arrogance et de mon ignorance du marketing de réseau faisait en sorte que je dirigeais tellement bien mon entreprise que j'enrayais toute possibilité de duplication. Ma compétence me rendait incompétent. Ce que je faisais n'était pas assez simple pour être systématiquement reproduit. J'avais saisi le potentiel du marketing de réseau, mais sans en déceler l'infrastructure invisible qui en assure le bon fonctionnement.

Pour revenir à notre comparaison avec McDonald's, je ne me positionnais pas comme le PDG de milliers de franchises. Au lieu de quoi, je travaillais comme si j'étais le propriétaire d'un unique restaurant dont la mission aurait été de servir le meilleur hamburger de la ville. Je me suis finalement rendu compte qu'il valait mieux que je devienne, dans le monde du marketing de réseau, l'équivalent du PDG de McDonald's plutôt que le propriétaire du restaurant servant le meilleur hamburger. C'est alors que j'ai commencé à vraiment comprendre le génie de la simplicité, à en enseigner les principes et à fournir aux gens des rails pour s'y engager. Cela a fait toute la différence du monde.

Lorsque des professionnels entrent au service de votre équipe, n'ayez pas peur de leur enseigner les rudiments de l'industrie, de les diriger et de les accompagner. Ils ont besoin de votre aide plus qu'ils ne le croient. Soyez franc avec eux ; laissez-les faire des erreurs et espérez qu'ils auront suffisamment d'esprit d'entreprise pour survivre à la courbe d'apprentissage du marketing de réseau. De plus, soyez conscient du fait que de nombreux professionnels n'ont pas la résistance nécessaire pour évoluer dans notre industrie. Après quelques échecs et quelques rejets, nombreux sont ceux qui retourneront au monde qui leur est familier. Car là, dans leur zone de confort, ils ont déjà maîtrisé la majeure partie des étapes de la courbe d'apprentissage de leur domaine d'activité. Et dans cette arène, ils peuvent travailler plusieurs jours d'affilée sans connaître un seul échec ni un seul rejet.

Ils sont peut-être las de leur carrière, leur travail ne les inspire peut-être plus, et ils ne font peut-être que passer le temps. Mais ils trouvent plus facile de tolérer cet ennui que de vivre dans le doute et de faire les erreurs qui sont inévitables lorsqu'on s'engage dans une nouvelle courbe d'apprentissage. Ils déclinent donc l'invitation à nourrir de nouveaux rêves et à relever de nouveaux défis, et ils retournent dans les eaux tièdes de leur routine quotidienne.

Quel comportement adopter avec ceux qui ne veulent pas suivre ?

C'est en indiquant clairement et par écrit une voie à suivre à vos nouveaux représentants que vous serez en mesure d'évaluer leur motivation et leur aptitude à apprendre. Vous découvrirez rapidement s'ils sont des entrepreneurs dynamiques ou de simples « beaux parleurs ». Lorsque j'expose la voie à suivre dans mon entreprise, je dis aux gens : « Dans 48 heures, je saurai si vous êtes sérieux. » La raison est évidente : s'ils évitent les étapes initiales toutes simples qui assurent un bon départ dans l'industrie, alors que leur enthousiasme est élevé et que leur vision est claire, il est peu probable qu'ils s'en préoccuperont lorsqu'ils seront submergés par tous les autres détails importants de leur vie quotidienne.

Généralement, les gens qui commencent lentement dans l'industrie progressent lentement. Il y a bien sûr des exceptions à la règle. Par exemple, certains individus s'y engagent alors que leur emploi du temps est déjà surchargé. Ils sont déterminés à assurer la croissance de leur entreprise, mais ils doivent attendre d'être en mesure d'y consacrer le temps nécessaire.

Et il y aura inévitablement des gens qui s'engageront et qui n'accompliront rien. D'un point de vue psychologique, c'est pour moi l'une des dimensions les plus intrigantes et les plus fascinantes de cette industrie. Mais d'un point de vue pratique, en tant que bâtisseurs d'entreprises, nous devons savoir comment nous comporter avec ceux qui ne veulent pas suivre. Voici quelques suggestions :

- ***Soyez patient avec eux au début.*** Avec le temps, à mesure que leurs croyances deviendront plus fermes, leur degré d'engagement augmentera.
- ***Soyez franc et direct avec eux.*** Dites-leur que vous êtes prêt à les aider, mais que vous ne pouvez pas vouloir réussir à leur place.
- ***Parrainez quelqu'un d'autre.*** Ne mettez pas votre entreprise en veilleuse en attendant qu'ils veuillent bien se dégourdir.
- ***Informez-les des événements de groupe à venir.*** Mais ne leur consacrez pas de votre temps personnel. Réservez-le plutôt à ceux qui sont sérieux.
- ***Laissez-les partir.*** Votre propre réussite ne dépend pas d'eux. Travaillez avec des gens qui veulent apprendre et qui sont motivés.
- ***Faites preuve de bienveillance.*** Il existe de nombreux facteurs qui empêchent les gens de combler leurs désirs.
- ***Cessez de tenter de ressusciter les morts.*** C'est là une spécialité bien particulière. De plus, vous dirigez une entreprise, et non une mission.

Il est indubitable que diriger les membres d'une équipe en plein essor est l'une des dimensions les plus stimulantes et valorisantes de l'industrie du marketing de réseau. Et cette tâche se trouve grandement facilitée si on se rappelle que le leadership consiste à fournir vision, habiletés et motivation.

ÊTRE UN LEADER, C'EST FOURNIR VISION, HABILETÉS ET MOTIVATION

Vous est-il déjà arrivé d'entrer dans un restaurant, de commander un plat, et de voir ensuite le serveur vous apporter toute autre chose ? Il est quelque peu exaspérant de ne pas obtenir ce à quoi on s'attend. Cette même « confusion » se produit parfois dans le monde du marketing de réseau. À mesure que votre équipe se développe, veillez à ne pas intervertir les « commandes » des membres de votre équipe. Si vous les écoutez attentivement, vous saurez ce qu'ils veulent ou ce dont ils ont besoin. Ils ne le mentionneront peut-être pas à haute voix, mais vous le sentirez si vous prêtez attention à leurs paroles, à leurs attitudes et à leurs gestes. Vous découvrirez que les « plats » qu'ils choisissent entrent souvent dans l'une des trois catégories qu'offre le leader.

MOTIVATION **VISION** **HABILETÉS**

Voici trois éléments que les leaders peuvent apporter à ceux qu'ils dirigent. Simultanément, ce sont trois des principaux ingrédients dont les représentants ont besoin pour ne pas dévier de leur trajectoire.

Il s'agit d'une combinaison gagnante lorsque le leader donne aux membres de son équipe exactement ce dont ils ont besoin. Lorsque cela se produit sur une base régulière, il s'établit un climat de travail d'équipe, une concentration sur les tâches et un élan de motivation. Inversement, lorsque cette combinaison n'est pas présente, les choses semblent perdre tout synchronisme et l'élan commence à ralentir. Si vous vous penchez sur les entreprises de marketing de réseau les plus prospères ou sur les équipes qui connaissent le plus de succès dans une entreprise donnée, vous découvrirez que tous sont alimentés par une bonne dose de vision, d'habiletés et de motivation.

En dirigeant les membres de votre équipe, assurez-vous que votre répertoire de réponses touche à ces trois catégories. Certains individus qui se trouvent en position de leadership ressemblent au « chien savant qui ne connaît qu'un seul truc ». Peu importe ce qui arrive, ils n'ont jamais qu'une seule réponse ou un seul conseil à offrir aux autres. Avec le temps, cette réponse n'est d'aucune utilité pour les représentants qui cherchaient une orientation claire ou des encouragements. Elle ne sert que la personne qui l'offre, car elle lui donne l'illusion d'avoir résolu le problème. Il nous faut fournir bien plus que des réponses superficielles ou banales à ceux qui voient en nous le catalyseur de leur engagement. Et c'est en sachant de quelle combinaison de vision, d'habiletés et de motivation les gens ont besoin que nous pouvons devenir ce catalyseur.

Examinons maintenant chacun de ces éléments.

VISION : Elle permet aux gens de visualiser l'avenir. Elle leur donne un aperçu de la réalité qui s'offre à ceux qui ne dévient pas de leur trajectoire. C'est avoir une vue d'ensemble ou une macrovision, de ce qui va se produire. C'est savoir avec certitude ce qui va arriver demain si nous faisons preuve de diligence aujourd'hui.

Le pouvoir de la vision se trouve dans cette faculté qu'elle a à donner aux gens espoir et orientation. Elle leur insuffle la volonté de travailler aujourd'hui parce qu'ils savent que leurs efforts les rapprocheront progressivement de la vie qu'ils espèrent. Plus un individu a une vision claire de son avenir, plus il travaillera avec confiance dans le présent. Il en est ainsi parce que, à ses yeux, son avenir est si réel, si rapproché et si palpable qu'il soit en mesure de passer outre les petits désagréments qui ponctuent actuellement ses journées. Bref, la clarté de la vision est ce qui permet aux entrepreneurs de vivre en mode ressource plutôt qu'en mode problème. C'est ce qui leur permet de continuer à se sentir forts et optimistes et de ne pas se laisser aller au découragement.

Dans n'importe quelle entreprise, il y a parfois des moments où tout semble aller de travers. Les gens travaillent dur et accomplissent bien leurs tâches, mais sans constater de résultats ou de succès immédiats. La même chose se produit périodiquement dans l'industrie du marketing de réseau. C'est dans de tels moments que la vision devient un ingrédient crucial. Ceux qui en sont dotés pourront survivre à 25 rejets d'affilée sans être ébranlés. Pourquoi ? Parce que ceux qui ont une vision claire remarquent à peine les gens qui disent « non ». Ils se concentrent déjà sur les 25 autres personnes qui diront « oui » et qui se transformeront en milliers d'autres grâce au phénomène de la duplication. Cette réalité future entretient tellement la confiance et l'enthousiasme des représentants qu'ils essuient les refus sans sourciller.

HABILETÉS : Elles regroupent l'expertise, les aptitudes et la compétence. Ce n'est pas seulement savoir quoi faire, mais aussi comment le faire. Ce sont les connaissances pratiques appliquées au développement quotidien de toute entreprise de marketing de réseau. Les habiletés peuvent être acquises et développées, et elles sont essentielles à la réussite de votre entreprise.

En tant que leaders, nous devons garder à l'esprit le fait que de nombreux individus perdent courage non pas parce qu'ils manquent de vision, d'engagement ou de motivation. Ils perdent courage parce qu'ils se lassent d'échouer. Ils se fatiguent de « mordre la poussière ». Pour mettre cette situation en contexte, imaginez que vous êtes un joueur de baseball évoluant dans une ligue majeure. Mais si vous étiez retiré sur trois prises à chacune de vos présences au bâton, vous commenceriez à envisager avec angoisse chaque nouvelle partie au lieu d'avoir hâte d'y participer. Vous auriez besoin que votre entraîneur vous injecte une bonne dose de motivation. Vous auriez besoin d'une séance avec l'instructeur des frappeurs, car c'est dans votre élan, et non dans votre désir de frapper, que se situerait le problème fondamental. En corrigeant le problème, vous retrouverez votre motivation et une bonne attitude.

« Ne tenez pas pour acquis que les gens comprennent les aspects fondamentaux qui sont associés à la croissance de leur entreprise. »

Lorsque vous interagissez avec des représentants qui ont de la difficulté à faire du recrutement, faites preuve de délicatesse dans vos propos. Au lieu de leur dire de « tenir le coup » ou de leur rappeler que « cette entreprise est un jeu de nombres », vous préférerez peut-être leur poser une question. Demandez-leur gentiment : « Pouvez-vous me répéter ce que vous dites aux gens lorsque vous leur demandez s'ils aimeraient en apprendre davantage sur votre entreprise ? » Attendez-vous à être consterné par les réponses que vous obtiendrez. J'ai moi-même été maintes fois choqué. En général, je dis alors au représentant : « Si vous me présentiez les choses ainsi, votre entreprise ne m'intéresserait pas non plus. Voulez-vous que je vous donne quelques conseils ? »

Ne tenez pas pour acquis que les gens comprennent les aspects fondamentaux qui sont associés à la croissance de leur entreprise parce que ce sont des professionnels, ou qu'ils ont reçu une certaine formation, ou qu'ils vous ont observé en train de dialoguer avec les autres. Ils doivent se retrouver en situation d'apprentissage continu et s'inspirer de votre exemple, être ensuite laissés à eux-mêmes, et puis être évalués et aidés encore une fois, au besoin. Bien que nous misions sur la simplicité dans notre entreprise, les habiletés requises pour interagir efficacement avec autrui sont beaucoup plus subtiles et complexes qu'on le croit généralement.

Avez-vous déjà vu un épisode de l'émission intitulée *Home Improvement*, mettant en vedette Tim Allen ? Il va régulièrement consulter Wilson, son voisin. Et Wilson lui offre toujours des conseils clairs et succincts. Ensuite, Tim tente de transmettre ces informations à quelqu'un d'autre. Et invariablement, il charcute le message et en modifie la signification! Les mots qu'il emploie sont même à des années-lumière de ce qu'a dit Wilson! La même chose se produit régulièrement dans notre industrie. Des représentants qui ont reçu un bon soutien et une formation appropriée peuvent très bien, une fois laissés à eux-mêmes, oublier ou ignorer complètement tout ce qu'ils ont appris. Ce travail qui leur avait semblé si facile commence alors à leur apparaître comme une tâche impossible à accomplir. Ils se laissent aller au découragement. Ils ont alors besoin de l'intervention de leur parrain, qui les fera bénéficier de son bagage d'habiletés et qui ravivera leur vision et leur motivation.

MOTIVATION: C'est une grande qualité. C'est un mélange de dynamisme, de désir et de motivation. C'est la flamme intérieure qui pousse quelqu'un à ne pas dévier de sa trajectoire. C'est la raison pour laquelle les gens font quelque chose de nouveau ou de différent. C'est la source de carburant qui alimente la persévérance.

La motivation a deux sources. La première est intérieure, et la seconde est extérieure. La forme de motivation la plus profonde et la plus durable vient de l'intérieur. Les représentants qui puisent à même leur réserve intérieure de motivation sont ceux qu'on arrive rarement à freiner. Ils savent ce qu'ils veulent et pourquoi ils le veulent. Le fait de connaître le «quoi» et le «pourquoi» de leur engagement dans l'industrie est ce qui alimente l'élan qui les pousse vers la concrétisation de leurs rêves.

Cela leur donne la volonté de travailler. C'est pourquoi l'un des premiers gestes que doit poser le leader devant un nouveau représentant est d'exposer les quatre ingrédients du succès. Lorsque ceux-ci sont clairement définis, ils peuvent être utilisés par le nouveau représentant pour alimenter sa motivation intérieure, ou par le parrain pour fournir une motivation extérieure.

En tant que leader, étudiez ceux que vous dirigez. Si vous les écoutez attentivement, ils vous indiqueront la combinaison exacte de vision, d'habiletés et de motivation dont ils ont besoin. Dans l'arène du leadership, il est beaucoup plus facile de trouver des solutions utiles lorsqu'on s'appuie sur un bon diagnostic.

« Plus un individu a une vision claire de son avenir, plus il travaillera avec confiance dans le présent. »

Que faire si je n'ai encore jamais occupé un poste de leadership ?

Comme je l'ai mentionné au début de cette section portant sur le leadership, donnez-vous la permission de grandir en tant que leader. Ne vous inquiétez pas si vous n'avez encore jamais occupé de poste de leadership. Et ne vous souciez pas du titre ou du poste que vous avez actuellement dans votre entreprise de marketing de réseau. *Rappelez-vous que le leadership exercé par influence est beaucoup plus fort que le leadership uniquement fondé sur un titre ou un poste.*

L'univers du marketing de réseau, tout comme le monde des affaires ou l'arène politique, est rempli de gens qui ont des titres ou des postes prestigieux, mais qui ne sont absolument pas des leaders. Et ils se font régulièrement éclipser par des hommes et des femmes qui exercent une véritable influence sur ceux qui les entourent. Si vous en doutez, penchez-vous sur la vie de mère Teresa ou de la princesse Diana. Elles étaient des leaders en vertu de leur influence, et non de leur titre. Si jamais vous vous perdez sur la route du leadership pendant que vous érigez votre entreprise, pensez à l'exemple qu'elles ont donné : soyez un serviteur, intéressez-vous réellement aux autres et engagez-vous à accomplir ce en quoi vous croyez.

Chapitre 12

À VOUS DE JOUER

Dans le cadre de la croissance de mon entreprise, j'explique souvent aux gens que je suis l'équivalent d'un joueur-entraîneur de la LNF. En tant que joueur, j'évolue sur le terrain en faisant la même chose que mes coéquipiers. J'étudie, je travaille dur, j'attrape le ballon et je cherche continuellement des occasions de dire aux autres à quel point le marketing de réseau, et plus particulièrement l'entreprise à laquelle je suis affilié, m'inspirent enthousiasme et confiance. Et en tant qu'entraîneur, je me suis engagé à aider les autres à comprendre comment ils peuvent réussir dans cette industrie.

Le jour où une partie doit être disputée, l'entraîneur veut inscrire quelques dernières pensées dans l'esprit de ses joueurs. Il sait qu'il ne lui reste que quelques minutes avant le botté d'envoi. Ensuite, le ballon se trouvera littéralement entre les mains des joueurs. Ce sera alors à eux de jouer. Ce sera à leur tour de s'élancer, de demeurer concentrés, de jouer comme si leur vie en dépendait, et de transformer en réalité leur désir de gagner.

C'est effectivement là où nous en sommes dans cet ouvrage. Le dernier chapitre, la dernière ligne droite. C'est maintenant à vous de jouer. Il est temps pour moi de me retirer, de vous laisser le ballon et de vous laisser courir. Le terrain vous appartient. C'est à vous de saisir à bras le corps vos rêves, votre vie, votre avenir, et de commencer à courir. En tant qu'entraîneur qui a confiance en son équipe et qui est fier d'elle, permettez-moi de partager quelques dernières pensées avec vous.

Félicitations

Tout d'abord, laissez-moi vous féliciter pour votre ténacité. Nombreux sont ceux qui achètent ou lisent rarement un livre. D'autres en font l'acquisition, mais ne trouvent jamais le courage de l'ouvrir. Et d'autres entament une lecture sans jamais la terminer. Mais vous avez achevé ce que vous aviez commencé. Vous avez persévéré... un mot, une page, un chapitre à la fois. Même si certaines parties de cet ouvrage vous ont paru plus intéressantes que d'autres. Le seul acte de persister vous a conduit à la ligne d'arrivée.

Si vous transposez le même comportement dans vos activités professionnelles, vous obtiendrez le même résultat. Vos rêves et vos buts deviendront réalités. Rappelez-vous que l'aspect le plus étonnant du succès dans la vie n'est pas son côté ardu ou illusoire, mais son incroyable simplicité. Généralement, le succès est le lot de ceux qui osent rêver, et qui prennent ensuite progressivement une série de petites étapes, jour après jour, dans le but de concrétiser leur rêve.

En théorie, lorsqu'ils arrêtent d'y penser, la majorité des gens s'entendent sur la simplicité du succès. Toutefois, dans la réalité, ils ne cessent jamais tout à fait d'appliquer ce concept dans leur vie « maintenant ». Aujourd'hui. Combien de gens connaissez-vous qui, pendant des années, ont parlé de ce qu'ils avaient l'intention de faire ? Mais qui n'ont jamais mis leurs projets à exécution et qui ont oublié leur rêve ? Ils ont toujours une bonne raison pour dire qu'aujourd'hui n'est pas le moment propice. Ils sont éternellement sur le point de commencer « à se préparer ». Et ils ne font jamais les premiers pas vers la réalisation de leur rêve.

Avec le temps, leur entourage finit par comprendre qu'ils n'ont jamais eu de véritable rêve. Ce sont des songe-creux, des utopistes. Tout demeure dans leur imagination. Ils sont parfois prompts à se plaindre. Mais ils ne font rien pour aller jusqu'au bout d'un rêve. Par conséquent, ils ne seront jamais des gagnants.

« Aujourd'hui est la seule journée que vous pouvez modeler, gérer et contrôler. »

Ayant lu cet ouvrage, vous n'êtes pas un utopiste. Vous avez un rêve. Vous avez une âme d'entrepreneur. C'est vrai, même si vous ne le saviez pas ou ne l'aviez jamais admis avant de lire ce livre. Alors que vous vous préparez « à saisir le ballon et à courir », n'oubliez pas qu'aujourd'hui est la seule journée que vous pouvez modeler, gérer et contrôler.

Peter Drucker a raison lorsqu'il dit : « La meilleure façon de prédire l'avenir est de le créer. »

Démarquez-vous de la vaste majorité des gens qui remettent toujours au lendemain la concrétisation de leurs rêves. Démarquez-vous de ceux qui entretiennent l'art de la procrastination. Adoptez le slogan suivant : « PROCRASTINONS PLUS TARD ! » Réalisez qu'aujourd'hui est un don et que vous pouvez vous en servir pour modeler votre avenir. Ne vous endormez pas dans l'inaction en pensant que « l'engagement se trouve juste au coin de la rue ».

L'ENGAGEMENT : IL SE TROUVE JUSTE AU COIN DE LA RUE !

De nombreux individus vivent toute leur vie avec l'idée fausse, mais réconfortante que « l'engagement se trouve juste au coin de la rue. » Ils se disent que dans un proche avenir, ils s'engageront dans un projet qu'ils jugeront prioritaire. Il peut s'agir de perdre du poids, de se mettre en forme, d'acquérir une nouvelle habileté, de créer une nouvelle entreprise ou de s'adonner à un nouveau loisir, d'améliorer leurs relations, etc. Mais le temps passe, et ils ne se rendent jamais jusqu'au « coin de la rue ». C'est comme si leur vie n'était qu'une longue courbe continue sur une route sans fin ! Toutefois, à force de se dire qu'ils passeront bientôt à l'action, ils finissent par « avoir le beurre et l'argent du beurre ». Ils tirent une satisfaction momentanée uniquement en imaginant une réalisation future tout en étant capables d'éviter tout travail et tout effort qu'il leur faudrait fournir dans l'immédiat. Au début, cela peut leur sembler une assez bonne stratégie. Mais avec le temps, cette dernière commence à leur paraître très illusoire. Dans l'intimité de leur propre esprit, ils savent qu'ils se mentent à eux-mêmes.

Vous pouvez éviter de tomber dans ce piège coûteux et de laisser filer votre vie un jour à la fois. Disons que l'individu moyen connaît une vie productive pendant 80 ans. Vous pouvez donc diviser votre vie en 8 décennies. Imaginez maintenant que chaque décennie est un « jeton » que vous obtenez pour jouer au jeu de la vie. Nous avons tous environ 8 jetons que nous pouvons utiliser ou investir à notre guise.

Normalement, deux de ces jetons servent à nous préparer à vivre une vie productive. C'est-à-dire que la majorité d'entre nous passe environ deux décennies à nous préparer à notre vie adulte. Cela nous laisse six jetons à jouer. Ensuite, tenez compte de votre âge. Combien de jetons avez-vous dépensés jusqu'à maintenant ? Pour de nombreux entrepreneurs, le fait de réaliser qu'il leur reste une poignée de jetons les motive à être reconnaissants et à maximiser chaque journée. Par conséquent, leur vie quotidienne est valorisante et riche en projets.

Combien de jetons vous reste-t-il à investir dans le jeu de la vie ? Concentrez-vous sur ceux qui vous restent, et non sur ceux que vous avez déjà utilisés. Comment voulez-vous les investir ? Précisez vos rêves, fixez-vous quelques buts, et commencez à prendre les mesures nécessaires pour les concrétiser dès aujourd'hui. Il est temps de vous rendre jusqu'au coin de la rue, de vous engager, et d'aller de l'avant. Vos rêves, tout comme votre vie, sont à la fois une responsabilité et un privilège qui n'appartiennent qu'à vous. À vous de les gérer. Une fois que vous aurez accepté cette réalité, vous serez libre de modeler votre avenir au lieu de demeurer passif et d'attendre de voir ce qu'il vous réserve.

QUELQUES CONSEILS POUR LE VOYAGEUR QUI VEUT ALLER JUSQU'AU BOUT DE SES RÊVES

L'INERTIE : GAGNEZ LA BATAILLE QUOTIDIENNE

Vous rappelez-vous la définition du mot « inertie », telle qu'on la donnait dans votre classe de physique à l'école secondaire ou au collège ? Une partie de cette définition stipule habituellement qu'« un objet immobile tend à demeurer immobile. » Cette loi a toutefois des applications qui débordent du domaine de la physique. C'est une réalité courante de la vie quotidienne qui influe sur nos attitudes, nos décisions et les gestes que nous posons.

Pendant que vous travaillerez à concrétiser votre rêve et à faire grandir votre entreprise, ce phénomène de l'inertie tentera de vous inciter à « demeurer immobile ». Il tentera de vous ensorceler en présentant l'inactivité et la procrastination comme étant la ligne de conduite la plus plausible et la plus rationnelle à adopter. Cette tentation, bien que toujours présente, est remarquablement subtile. Elle ne vous « demandera » jamais directement d'abandonner vos aspirations. Elle vous suggérera plutôt tout doucement de mettre en veilleuse toute activité et tout effort pour l'instant seulement. Elle laissera entendre que ce qui est important aujourd'hui peut certainement être remis à demain sans conséquences sérieuses sur votre vie et votre avenir. Donc, en ignorant ce qui doit être fait, d'innombrables individus tombent dans le confortable piège de ce qui est attrayant dans l'immédiat. Avec le temps, cette capitulation quotidienne devient une habitude qui entraîne l'étiolement de leurs rêves et de leur vie, une décision, un moment, une journée à la fois.

Récemment, j'ai pu constater le subtil pouvoir de l'inertie et la capacité qu'elle a à immobiliser même les gens les plus talentueux et les plus motivés. Carol, qui fait partie de mon équipe, n'avait participé activement à aucune de nos activités depuis plusieurs semaines. Cela m'intriguait, car je savais qu'elle nourrissait un rêve et qu'elle était l'une des membres les plus performantes de mon équipe. En tant que leader, je voulais l'aider; en tant que clinicien, je voulais qu'elle comprenne ce qui se passait en elle; en tant que chercheur, je voulais comprendre pourquoi des gens motivés s'endorment parfois mystérieusement dans notre industrie.

Donc, je l'ai appelée pour me renseigner gentiment au sujet de son inactivité. Sa réponse a été succincte, franche et puissante. Elle m'a tout simplement dit: « Tom, je n'ai pas abandonné. J'ai seulement arrêté. » Bang! L'inertie venait de faire une autre victime. Sur la scène du crime, il n'y avait pas de traces de lutte ni d'effraction. Son rêve était intact; sa confiance était élevée, et ses croyances dans le pouvoir du marketing de réseau étaient encore bien vivantes. Mais l'inertie, comme une drogue épargnant l'esprit, mais paralysant le corps, avait encore frappé. Elle avait été immobilisée. Et cela était arrivé avec une telle subtilité qu'elle ne s'était rendu compte de rien.

Si vous apprenez à surmonter les premiers signes d'inertie et d'inactivité, vous serez en mesure d'être touché par les joies de l'accomplissement et du succès. Plus vous connaîtrez cette satisfaction, moins vous aurez de mal à gagner la bataille contre l'inertie. Cela s'explique par le fait que la productivité et la victoire sont énergisantes en soi. Elles vous insufflent énergie, motivation et élan, ce qui vous propulse vers l'action.

Le succès et l'énergie ne se manifesteront pas tant que vous n'aurez pas gagné cette bataille quotidienne qui consiste à surmonter les premiers signes d'inertie. Parfois, l'aspect le plus difficile d'un projet, même s'il nous plaît, consiste tout simplement à faire le premier pas. Par exemple, je me suis entraîné en parallèle pendant des années. La course à pied et l'entraînement aux poids font partie de ma vie.

Il y a quelques années, j'ai pu mettre le doigt sur la partie la plus difficile de mes séances d'exercices. Cela n'avait rien à avoir avec un parcours de six à huit kilomètres de jogging, ni avec le dépassement de mes limites dans la salle de musculation. *Le plus difficile était de lacer mes chaussures!* Faire le premier pas est une bataille quotidienne, même s'il s'agit d'entreprendre une activité qui me plaît et que je sais bonne pour moi. Mais une fois lancé, je suis absolument ravi d'avoir pris la bonne décision et d'avoir une fois de plus remporté la bataille.

En érigeant votre entreprise, acceptez que cette confrontation avec l'inertie fait partie de la vie. C'est une réalité qui sera toujours présente et une bataille qui devra être livrée jour après jour. Prenez la décision de laisser vos rêves et vos buts devenir les facteurs décisionnels dans la gestion de votre vie quotidienne.

« TEMPS PARTIEL » N'EST PAS SYNONYME DE « QUALITÉ PARTIELLE »

L'un des aspects les plus merveilleux du marketing de réseau est la liberté d'ériger une entreprise à temps partiel. Il est rare qu'une industrie offre un potentiel aussi extraordinaire tout en permettant à ceux qui y évoluent d'organiser leur emploi du temps à leur guise. Comme nous l'avons déjà fait remarquer, vous pouvez vous consacrer à votre entreprise à plein temps ou à temps partiel. Mais vous ne pouvez pas vous en occuper à « temps perdu », car aucun d'entre nous ne dispose de ce type de temps. Nous l'avons utilisé chaque jour de notre vie. De plus, ne vous attendez pas à ce que votre entreprise génère des revenus équivalant à un emploi à plein temps si vous n'y travaillez qu'à temps partiel. Ceci ne se produira probablement pas tant que vous n'aurez pas investi beaucoup de temps dans votre entreprise.

Tout en gardant cela à l'esprit, sachez que « temps partiel » n'est pas synonyme de « qualité partielle ». Imaginez que vous travaillez à temps partiel pour le compte de quelqu'un d'autre dans une entreprise traditionnelle. Disons que vous n'y consacrez que 20 heures par semaine. Même si vous ne travaillez qu'à mi-temps (la moitié de 40 heures par semaine), votre employeur ne s'attendra pas à ce que vous ne donniez que votre demi-mesure. Il s'attendra à ce que vous fournissiez un travail de haute qualité même si vous ne travaillez qu'à temps partiel.

Assurez-vous d'avoir les mêmes exigences envers vous-même lorsque vous développez votre entreprise. Ne vous permettez pas de bâcler votre travail parce que vous êtes votre propre patron, que vous fixez vos propres objectifs et que vous organisez votre propre emploi du temps. Dans l'univers du marketing de réseau, la simplicité n'est pas un synonyme de « facilité ». Elle n'est pas non plus synonyme d'un moindre engagement envers l'excellence. Faites toujours de votre mieux. Que vous fassiez des appels téléphoniques, une présentation ou de la formation, faites-le toujours avec un enthousiasme qui vise l'excellence. C'est une combinaison avantageuse qui aura des répercussions positives pour vous, votre entreprise, et notre industrie.

C'EST LA VIE

Vous rappelez-vous avoir vu, il y a quelques années, cet autocollant pour pare-chocs où on pouvait lire : « La vie est parfois *!#&* ». Son humour narquois et un fond de vérité en ont fait un autocollant très populaire. Mais j'ai toujours eu l'impression que le message était incomplet. On aurait dû lire : « La vie est parfois *!#&*, mais ne vous sentez pas visé personnellement ».

Tout en travaillant dur à la création de votre entreprise, vous vivrez des événements qui sont loin d'être amusants. Il y aura inévitablement des moments où votre entreprise ne connaîtra pas une croissance aussi rapide que vous le souhaiteriez ; les gens ne seront pas aussi motivés à votre goût ; et d'autres circonstances pourront ternir votre bonheur immédiat. Évitez alors de croire que ces déboires ne visent que vous. Veillez à ne pas vous sentir personnellement visé par les frustrations normales qui accompagnent la croissance de toute entreprise, comme si les autres étaient à l'abri de ce qui vous arrive.

Dans le monde du marketing de réseau, les individus qui n'avaient encore jamais été créateurs ou propriétaires d'une entreprise ont souvent tendance à tirer ces conclusions erronées lorsque les temps sont durs. C'est parce qu'ils n'ont aucun cadre de référence pour comparer leur expérience. Ils ne savent pas que la fatigue, la frustration ou la peur font occasionnellement partie de la vie de tout entrepreneur qui travaille à la concrétisation de ses rêves, et qu'il s'agit là d'une expérience normale.

Parfois, les nouveaux venus dans l'univers du marketing de réseau comprennent mal ce qu'ils vivent. On leur a parfois menti au sujet de ce qu'il faut pour réussir dans cette industrie. Ou ils ont mal compris ce qu'on leur a dit. Par exemple, avez-vous déjà entendu quelqu'un dire: « Personne ne sue dans cette industrie. » Ou cette personne a peut-être fait le commentaire suivant: « Cette industrie n'exige aucun effort », en ajoutant qu'il est possible de faire la grasse matinée tous les jours.

Les gens qui font de telles affirmations ne peuvent énoncer qu'une seule vérité à la fois. S'ils affirment faire la grasse matinée, ne jamais suer et ne faire aucun effort, ils: a) mentent; b) disent la vérité mais ne gagnent pas d'argent; ou c) disent la vérité en affirmant faire actuellement la grasse matinée, ne jamais suer et ne pas fournir d'effort parce qu'ils ont payé leur dû auparavant, pendant la phase de croissance de leur entreprise. Et maintenant, ils jouissent honnêtement du fruit de leur courage, de leur travail acharné et de leur ténacité. Ils profitent du pouvoir du marketing de réseau et d'un revenu résiduel intéressant parce qu'ils ont travaillé dur.

Rappelez-vous ce qui est « normal »

Alors que je rassemblais des données en vue de rédiger ce chapitre, ma femme et moi sommes sortis pour dîner avec un couple d'amis très chers. Cet homme et cette femme sont tous deux des macro-entrepreneurs. Tous deux savent ce qu'est concevoir et lancer une grande entreprise, et en assurer ensuite la croissance pour la rendre prospère. Pendant le repas, j'ai posé des questions à mon ami à propos de l'entreprise qu'il dirigeait.

Il avait déjà investi plusieurs années et des millions de dollars dans cette jeune entreprise qui était sur le point de faire un premier appel public à l'épargne. Il avait reçu le jour même un mot de la Commission des valeurs mobilières des États-Unis. On l'informait que son PAPE devrait être reporté d'un mois. Ce simple délai, qui semblait dérisoire pour la Commission, voulait dire que mon ami devrait puiser dans sa propre poche et signer un autre chèque de 100 000 $.

La prochaine fois que vous vous sentirez frustré par un aspect quelconque de votre entreprise, rappelez-vous que vous n'êtes pas seul. Les moments difficiles font partie de la vie lorsqu'on entreprend un projet d'envergure. Et ils sont certainement une phase normale dans la création de toute entreprise. Si vous ne les surmontez pas, ils auront raison de vous. Les temps difficiles doivent être traversés vaillamment si on veut triompher. Rappelez-vous qu'il y a une raison si vous, en tant qu'entrepreneur, valez chaque dollar que vous touchez à la fin du processus. Vous ne serez pas uniquement rémunéré pour votre temps ou votre talent. Vous serez rémunéré pour avoir osé rêver, pour votre courage brut et pour votre foi indéfectible. La somme de ces qualités rares est ce qui justifie les extraordinaires retombées dont vous profiterez en matière de revenu et de satisfaction.

CHOISISSEZ UN CHEVAL ET MONTEZ-LE

Êtes-vous déjà allé au cirque et y avez-vous déjà vu des acrobates monter deux chevaux à la fois ? Bien que cela soit amusant à regarder, aucun d'entre nous ne songerait à monter deux chevaux simultanément en guise de moyen de transport.

La même chose est vraie dans le monde du marketing de réseau. Si vous songez à utiliser cette merveilleuse industrie comme moyen de transport, c'est-à-dire pour aller du point « A » (là où vous êtes dans la vie) au point « B » (là où vous voulez aller dans la vie), vous devrez « choisir un cheval et le monter ». Je ne crois pas que vous puissiez être engagé activement dans plusieurs entreprises de marketing de réseau si vous voulez devenir un bâtisseur d'entreprise sérieux. Vous n'aurez pas assez de temps, de passion ou d'énergie pour vous éparpiller dans plusieurs directions.

D'une part, je crois que les gens s'engagent parfois dans plusieurs entreprises parce qu'ils sont sensibles à la variété des produits et services de grande qualité qui sont offerts dans notre industrie. C'est parfait. Mais d'autre part, certains individus s'engagent dans plusieurs entreprises parce qu'ils cherchent sans cesse le proverbial « buffet gratuit ». Ils veulent s'embarquer comme « passagers clandestins » et s'envoler vers la liberté financière.

Et ils sont persuadés que s'ils arrivent à accrocher leur wagon au train de la bonne entreprise ou du bon individu, ils seront en mesure de générer un important revenu résiduel avec un minimum d'efforts. C'est pour cette raison qu'ils s'associent à de multiples entreprises. Ou bien, ils en abandonnent une pour aussitôt adhérer à une autre, croyant que cette dernière exigera moins de travail de leur part tout en générant des revenus plus importants, plus rapidement.

***« Vos rêves, tout comme votre vie,
sont à la fois une responsabilité et
un privilège qui n'appartiennent qu'à vous. »***

Fait regrettable, il existe encore un faible pourcentage de gens dans notre industrie qui adorent profiter de la naïveté des gens. Ils n'hésitent pas à leur promettre que s'ils s'engagent auprès de leur entreprise, et plus particulièrement s'ils grossissent les rangs de leur équipe, ils auront l'« occasion » de participer à une « croissance explosive » qui leur rapportera gros, en peu de temps et avec peu d'efforts, etc. À mon avis, ces individus, qui sont moins nombreux dans cette nouvelle ère que connaît le marketing de réseau, ne sont ni des entrepreneurs ni des bâtisseurs d'entreprises. Ce sont plutôt des pirates des temps modernes qui passent à l'attaque, vantent leurs produits, volent les représentants et disparaissent dans la brume.

Alors, en travaillant à la croissance de votre entreprise, gardez les pieds bien sur terre. Une invitation à devenir membre d'une entreprise de marketing de réseau n'est pas une occasion (un mot que j'emploie le moins souvent possible dans mon entreprise) à semer peu pour récolter gros. C'est plutôt une invitation à utiliser cette industrie, et l'entreprise que vous aurez choisie, comme une arène dans laquelle vous partirez à la conquête de vos rêves. C'est une invitation à voir grand, à ériger une entreprise, à grandir en tant qu'individu, à diriger une équipe, à influer sur la vie des autres, et à travailler plus dur que vous ne l'avez jamais fait. Avec le temps, vous en retirerez un revenu résiduel qui vous donnera une liberté financière que peu de gens peuvent imaginer, sans compter une expérience exceptionnelle.

Si vous êtes actuellement engagé dans une entreprise de marketing de réseau et que vous faites confiance au leadership qui y est prodigué, que vous aimiez ses produits, ses services et son potentiel de rémunération, et que vous soyez passionné par ce que vous faites, alors ne quittez pas cette entreprise. Montez ce cheval pour tout ce qu'il vaut. Installez-vous confortablement sur la selle et galopez. Concentrez-vous sur votre destination et continuez à travailler d'arrache-pied.

NE PERMETTEZ À PERSONNE DE SUBTILISER VOS RÊVES

Avez-vous déjà fait du camping et utilisé une lampe Coleman ? L'un des éléments les plus intéressants de cette lampe est sa pochette, qui devient très fragile après avoir été allumée. Si on la heurte, elle se désintègre. Mais si on la manipule avec soin et qu'on l'allume, cette pochette donne un éclairage d'une surprenante intensité. Nos rêves sont similaires. Ils sont aussi fragiles qu'une pochette de lampe Coleman. Mais un rêve intact, lorsqu'il est adéquatement alimenté et protégé, donne beaucoup de lumière. Vous êtes responsable de la protection de votre rêve. Veillez à ne pas laisser les autres l'endommager ou vous le subtiliser.

Rappelez-vous que, en tant qu'entrepreneur, vous avez l'habileté de voir des choses que d'autres sont incapables de voir. En travaillant à la croissance de votre entreprise et en vous associant avec d'autres entrepreneurs, vous développerez une vision de 2/500. Vous pourrez aisément voir à 500 pieds ce que d'autres ne voient qu'à une distance de 2 pieds. Ne laissez pas cette incapacité qu'ont les gens à voir ce qui se trouve immédiatement devant eux vous faire douter de la réalité de votre propre vision. Soyez heureux d'y voir aussi clair, reconnaissant d'avoir un rêve, et inébranlable dans votre détermination à transformer en réalité ce que vous voyez en esprit. Et enfin, rappelez-vous que vous êtes plus fort que vous ne le croyez.

VOUS ÊTES PLUS FORT QUE VOUS NE LE CROYEZ

Au cours de ma carrière, j'ai eu le plaisir d'interagir avec certains des individus les plus remarquables du monde, issus de tous les horizons (politique, affaires, médias, divertissement et sport professionnel). Il y a cependant une personne qui se démarque dans mon esprit comme étant l'être humain le plus intéressant que j'aie jamais rencontré. Elle s'appelle Susan Butcher. Je l'admire pour la clarté de son rêve et pour sa volonté à tout faire pour exceller. C'est une conductrice d'attelage de chiens de classe mondiale. Elle détient neuf records de vitesse. Elle a remporté à quatre reprises l'une des épreuves les plus difficiles en matière d'habileté, de courage et d'endurance jamais conçues dans l'histoire de la compétition. Elle participe à l'Iditerod. Il s'agit d'une course tenue chaque année le premier samedi de mars ; elle commence à Anchorage, en Alaska, et se poursuit sur une distance de plus de 1 700 kilomètres, jusqu'à Nome, toujours en Alaska.

Susan m'a parlé de l'une de ses dernières participations à cette course. Elle était en tête et n'avait plus que 65 kilomètres à parcourir. C'est alors qu'un autre conducteur l'a rattrapée, et puis l'a dépassée. Elle aurait voulu continuer et reprendre la première place, mais elle était trop fatiguée. Elle était à bout, et l'épuisement était devenu sa réalité dominante. Sa concentration a faibli et elle a commencé à accepter des compromis en songeant à son rêve. Elle s'est dit qu'une deuxième place serait acceptable. Elle a brièvement songé à réintégrer sa zone de confort en concédant la victoire et en cédant à sa fatigue. Cela aurait été si facile…

Mais c'est alors que son esprit s'est miraculeusement éclairci. Elle s'est rappelé ce qu'elle voulait vraiment : la victoire. Elle s'est rappelé les mots qu'un vieux sage de l'Alaska lui avait déjà adressés : « Il y a beaucoup de choses difficiles dans la vie. Mais il n'y en a qu'une seule qui est triste : abandonner. » Héroïquement, elle a commencé à gérer ses pensées et ses émotions plutôt que de les laisser prendre le contrôle de son esprit. Soudain, elle a été en mesure de puiser dans sa force intérieure comme elle ne l'avait jamais fait auparavant. Elle s'est dit :

> *« Je n'ai pas passé près de deux semaines à courir à -40 au-dessous de zéro en ne dormant que deux heures par nuit pour arriver en deuxième place ! »*

«Je n'ai pas parcouru plus de 16 000 kilomètres en traîneau à chiens cette année afin de me préparer à cette course pour arriver en deuxième place!»

«Je n'ai pas élevé, dressé et entraîné 150 chiens pour arriver en deuxième place.»

«Je n'ai pas nourri mes chiens cinq fois par jour, et sorti pour l'entraînement de cinq à sept attelages par jour pour arriver en deuxième place.»

«Je n'ai pas franchi plus de quatre chaînes de montagnes, couru sur plus de 275 kilomètres d'océan, et plus de 240 kilomètres sur la rivière Yukon, pour arriver en deuxième place!»

«J'ai rêvé et j'ai entraîné ces chiens dans le but de gagner!»

Animée d'une inébranlable volonté de vaincre, elle est descendue de son traîneau et a parcouru en courant les 65 kilomètres restants. Elle a repris la tête et a remporté la course.

C'est maintenant à votre tour. À vous de jouer. En tant qu'entraîneur, je n'ai qu'une dernière chose à vous dire. Osez aller jusqu'au bout de vos rêves.

CHEZ LE MÊME ÉDITEUR

Liste des livres :

52 façons de développer son estime personnelle et sa confiance en soi, *Catherine E. Rollins*

52 façons simples de dire « Je t'aime » à votre enfant, *Jan Lynette Dargatz*

1001 maximes de motivation, *Sang H. Kim*

Abracadabra, comment se transformer en un bon gestionnaire et un grand leader, *Diane Desaulniers*

Accomplissez des miracles, *Napoleon Hill*

Agenda du Succès *(formats courant et de poche), éditions Un monde différent*

Aidez les gens à devenir meilleurs, *Alan Loy McGinnis*

À la recherche de soi et de l'autre, *Marilou Brousseau*

À la recherche d'un équilibre : une stratégie antistress, *Lise Langevin Hogue*

Allez au bout de vos rêves, *Tom Barrett*

Amazon.com, *Robert Spector*

Amour de soi : Une richesse à redécouvrir (L'), *Marc Gervais*

Ange de l'espoir (L'), *Og Mandino*

Anticipation créatrice (L'), *Anne C. Guillemette*

À propos de…, *Manuel Hurtubise*

Apprivoiser ses peurs, *Agathe Bernier*

Art de réussir (L'), *collectif de conférenciers*

Ascension de l'âme, mon expérience de l'éveil spirituel (L'), *Marc Fisher*

Athlète de la Vie, *Thierry Schneider*

Attitude 101, *John C. Maxwell*

Attitude d'un gagnant, *Denis Waitley*

Attitude gagnante : la clef de votre réussite personnelle (Une), *John C. Maxwell*

Attitudes pour être heureux, *Robert H. Schuller*

Avant de quitter votre emploi, *Robert T. Kiyosaki et Sharon L. Lechter*

Bien vivre sa retraite, *Jean-Luc Falardeau et Denise Badeau*

Bonheur et autres mystères, suivi de La Naissance du Millionnaire (Le), *Marc Fisher*

Bonheur s'offre à vous : Cultivez-le ! (Le), *Masami Saionji*

Cancer des ovaires (Le), *Diane Sims*

Ces forces en soi, *Barbara Berger*

Chaman au bureau (Un), *Richard Whiteley*

Changez de cap, c'est l'heure du commerce électronique, *Janusz Szajna*

Chanteur de l'eau (Le), *Marilou Brousseau*

Chemin de la vraie fortune (Le), *Guy Finley*

Chemins d'Emma Rose (Les), *Emma Rose Roy*

Chemins de la liberté (Les), *Hervé Blondon*

Chemins du cœur (Les), *Hervé Blondon*

Choix (Le), *Og Mandino*

Cinquième Saison (La), *Marc André Morel*

Cœur à Cœur, l'audace de Vivre Grand, *Thierry Schneider*

Cœur plein d'espoir (Le), *Rich DeVos*

Comment réussir l'empowerment dans votre organisation ? *John P. Carlos, Alan Randolph et Ken Blanchard*

Comment se fixer des buts et les atteindre, *Jack E. Addington*

Communiquer : Un art qui s'apprend, *Lise Langevin Hogue*

Communiquer en public : Un défi passionnant, *Patrick Leroux*
Contes du cœur et de la raison (Les), *Patrice Nadeau*
Coupables... de réussir, *collectif de conférenciers et de formateurs*
Créé pour vivre, *Colin Turner*
Créez votre propre joie intérieure, *Renee Hatfield*
Cupidon à Wall Street, *Pierre-Luc Poulin*
Dauphin, l'histoire d'un rêveur (Le), *Sergio Bambaren*
Débordez d'énergie au travail et à la maison, *Nicole Fecteau-Demers*
Découverte par le Rêve (La), *Nicole Gratton*
Découvrez le diamant brut en vous, *Barry J. Farber*
Découvrez votre destinée, *Robin S. Sharma*
Découvrez votre mission personnelle, *Nicole Gratton*
De la part d'un ami, *Anthony Robbins*
Dépassement total, *Zig Ziglar*
Destin : Sérénité, *Claude Norman Forest*
Développez habilement vos relations humaines, *Leslie T. Giblin*
Développez votre leadership, *John C. Maxwell*
Devenez la personne que vous rêvez d'être, *Robert H. Schuller*
Devenez influent, neuf lois pour vous mettre en valeur, *Tony Zeiss*
Devenez une personne d'influence, *John C. Maxwell et Jim Dornan*
Devenir maître motivateur, *Mark Victor Hansen et Joe Batten*
Dites oui à votre potentiel, *Skip Ross*
Dix commandements pour une vie meilleure, *Og Mandino*
Dix secrets du succès et de la paix intérieure (Les), *Wayne W. Dyer*
De docteur à docteur, *Neil Solomon*
Don (Le), *Richard Monette*
École des affaires (L'), *Robert T. Kiyosaki et Sharon L. Lechter*
En route vers le succès, *Rosaire Desrosby*

Envol du fabuleux voyage (L'), *Louis A. Tartaglia*
Esprit qui anime les gagnants (L'), *Art Garner*
Eurêka! *Colin Turner*
Éveillez en vous le désir d'être libre, *Guy Finley*
Éveillez votre pouvoir intérieur, *Rex Johnson et David Swindley*
Évoluer vers le bonheur intérieur permanent, *Nicole Pépin*
Excès de poids et déséquilibres hormonaux, *Neil Solomon*
Facteur d'attraction (Le), *Joe Vitale*
Faites la paix avec vous-même, *Ruth Fishel*
Faites une différence, *Earl Woods et Shari Lesser Wenk*
Favorisez le leadership de vos enfants, *Robin S. Sharma*
Feu sacré du succès (Le), *Patrick Leroux*
Fonceur (Le), *Peter B. Kyne*
Formation 101, *John C. Maxwell*
Fuir sa sécurité, *Richard Bach*
Graines d'éveil, *Vincent Thibault*
Guide de survie par l'estime de soi, *Aline Lévesque*
Guide pour investir, *Robert T. Kiyosaki et Sharon L. Lechter*
Hectares de diamants (Des), *Russell H. Conwell*
Homme est le reflet de ses pensées (L'), *James Allen*
Homme le plus riche de Babylone (L'), *George S. Clason*
Homme qui voulait changer sa vie (L'), *Antoine Filissiadis*
Il faut le croire pour le voir, *Wayne W. Dyer*
Illusion de l'ego (L'), *Chuck Okerstrom*
Initiation: récit d'un apprenti yogi (L'), *Hervé Blondon*
Intuition: savoir reconnaître sa voix intérieure et lui faire confiance, *J. Donald Walters*
Jeune de cœur: André Lejeune, une voix vibrante du Québec (Le), Marilou Brousseau
Je vous défie! *William H. Danforth*
Joies du succès (Les), *Susan Ford Collins*
Journal d'un homme à succès, *Jim Paluch*

Joy, tout est possible ! *Thierry Schneider*
Jus de noni (Le), *Neil Solomon*
Laisser sa marque, *Roger Fritz*
Leader, avez-vous ce qu'il faut ?, *John C. Maxwell*
Leadership 101, *John C. Maxwell*
Légende des manuscrits en or (La), *Glenn Bland*
Lever l'ancre pour mieux nourrir son corps, son cœur et son âme, *Marie-Lou et Claude*
Livre des secrets (Le), *Robert J. Petro* et *Therese A. Finch*
Lois dynamiques de la prospérité (Les), *Catherine Ponder*
Magie de croire (La), *Claude M. Bristol*
Magie de voir grand (La), *David J. Schwartz*
Maître (Le), *Og Mandino*
Mana le Dauphin, *Jacques Madelaine*
Marketing de réseaux, un mode de vie (Le), *Janusz Szajna*
Massage 101, *Gilles Morand*
Maux pour le dire… simplement, *Suzanne Couture*
Mémorandum de Dieu (Le), *Og Mandino*
Messagers de lumière, *Neale Donald Walsch*
Mes valeurs, mon temps, ma vie ! *Hyrum W. Smith*
Miracle de l'intention (Le), *Pat Davis*
Mission ? Passions ! le fil d'Ariane, *Aline Lévesque*
Moine qui vendit sa Ferrari (Le), *Robin S. Sharma*
Moments d'inspiration, *Patrick Leroux*
Momentum, votre essor vers la réussite, *Roger Fritz*
Mon bonheur par-delà mes souffrances, *Vania et Francine Fréchette*
« Mon père, je m'accuse d'être heureux », *Linda Bertrand* et *Bill Marchesin*
Né pour gagner, *Lewis Timberlake et Marietta Reed*
Noni et le cancer (Le), *Neil Solomon*
Noni, cet étonnant guérisseur de la nature (Le), *Neil Solomon*
Noni et le diabète (Le), *Neil Solomon*

Réussir sa vie, *Marc Gervais*
Rien n'est impossible, *Christopher Reeve*
Sagesse des mots (La), *Baltasar Gracián*
Sagesse du moine qui vendit sa Ferrari (La), *Robin S. Sharma*
S'aimer soi-même, *Robert H. Schuller*
Saisons du succès (Les), *Denis Waitley*
Sans peur et sans relâche, *Joe Tye*
Savoir vivre, *Lucien Auger*
Secret (Le), *Rhonda Byrne*
Secret d'un homme riche (Le), *Ken Roberts*
Secret est dans le plaisir (Le), *Marguerite Wolfe*
Secrets de la confiance en soi (Les), *Robert Anthony*
Secrets d'une communication réussie (Les), *Larry King et Bill Gilbert*
Semainier du Succès (Le), *éditions Un monde différent ltée*
Six façons d'améliorer votre santé grâce au noni, Neil Solomon
Sommeil idéal, guide pour bien dormir et vaincre l'insomnie (Le), *Nicole Gratton*
Stratégies de prospérité, *Jim Rohn*
Stratégies du Fonceur (Les), *Danielle DeGarie*
Stratégies pour communiquer efficacement, *Vera N. Held*
Succès d'après la méthode de Glenn Bland (Le), *Glenn Bland*
Succès n'est pas le fruit du hasard (Le), *Tommy Newberry*
Succès selon Jack (Le), *Jack Canfield et Janet Switzer*
Technologie mentale, un logiciel pour votre cerveau (La), *Barbara Berger*
Télépsychique (La), *Joseph Murphy*
Tendresse : chemin de guérison des émotions et du corps par la psycho-kinésiologie, science de la tendresse, *Hedwige Flückiger et Aline Lévesque*
Testament du Millionnaire (Le), *Marc Fisher*

Tiger Woods: La griffe d'un champion, *Earl Woods et Pete McDaniel*
Tout est dans l'attitude, *Jeff Keller*
Tout est possible, *Robert H. Schuller*
Tracez votre destinée professionnelle, *Mylène et Mélanie Grégoire*
Ultime équilibre yin yang (L'), *Mian-Ying Wang*
Un, *Richard Bach*
Une larme d'or, *Sally Manning et Danièle Sauvageau*
Une meilleure façon de vivre, *Og Mandino*
Une révolution appelée noni, *Rita Elkins*
Univers de la possibilité: un art à découvrir (L'), *Rosamund et Benjamin Stone*
Université du succès, trois tomes (L'), *Og Mandino*
Vaincre l'adversité, *John C. Maxwell*
Vie est magnifique (La), *Charlie « T. » Jones*
Vie est un rêve (La), *Marc Fisher*
Vieux Golfeur et le Vendeur (Le), *Normand Paul*
Visez la victoire, *Lanny Bassham*
Vivez passionnément, Peter L. Hirsch
Vivre Grand: développez votre confiance jusqu'à l'audace, *Thierry Schneider*
Vivre sa vie autrement, *Eva Arcadie*
Vous êtes unique, ne devenez pas une copie!, *John L. Mason*
Vous inc., découvrez le P.-D. G. en vous, *Burke Hedges*
Voyage au cœur de soi, *Marie-Lou et Claude*

Liste des cassettes audio:

Après la pluie, le beau temps!, *Robert H. Schuller*
Arrêtez d'avoir peur et croyez au succès!, *Jean-Guy Leboeuf*
Assurez-vous de gagner, *Denis Waitley*

Atteindre votre plein potentiel, *Norman Vincent Peale*
Attitude d'un gagnant, *Denis Waitley*
Comment attirer l'argent, *Joseph Murphy*
Comment contrôler votre temps et votre vie, *Alan Lakein*
Comment se fixer des buts et les atteindre, *Jack E. Addington*
Communiquer : Un art qui s'apprend, *Lise Langevin Hogue*
Créez l'abondance, *Deepak Chopra*
De l'échec au succès, *Frank Bettger*
Dites oui à votre potentiel, *Skip Ross*
Dix commandements pour une vie meilleure, *Og Mandino*
Fortune à votre portée (La), *Russell H. Conwell*
Homme est le reflet de ses pensées (L'), *James Allen*
Intelligence émotionnelle (L'), *Daniel Goleman*
Je vous défie ! *William H. Danforth*
Lâchez prise ! *Guy Finley*
Lois dynamiques de la prospérité (Les), (2 parties) *Catherine Ponder*
Magie de croire (La), *Claude M. Bristol*
Magie de penser succès (La), *David J. Schwartz*
Magie de voir grand (La), *David J. Schwartz*
Maigrir par autosuggestion, *Brigitte Thériault*
Mémorandum de Dieu (Le), *Og Mandino*
Menez la parade ! *John Haggai*
Pensez en gagnant ! *Walter Doyle Staples*
Performance maximum, *Zig Ziglar*
Plus grand vendeur du monde (Le), (2 parties) *Og Mandino*
Pouvoir de l'optimisme (Le), *Alan Loy McGinnis*
Psychocybernétique (La), *Maxwell Maltz*
Puissance de votre subconscient (La), (2 parties) *Joseph Murphy*
Réfléchissez et devenez riche, *Napoleon Hill*
Rendez-vous au sommet, *Zig Ziglar*
Réussir grâce à la confiance en soi, *Beverly Nadler*

Secret de la vie plus facile (Le), *Brigitte Thériault*
Secrets pour conclure la vente (Les), *Zig Ziglar*
Se guérir soi-même, *Brigitte Thériault*
Sept Lois spirituelles du succès (Les), *Deepak Chopra*
Votre plus grand pouvoir, *J. Martin Kohe*

Liste des disques compacts :

Conversations avec Dieu, *Neale Donald Walsch*
Créez l'abondance, *Deepak Chopra*
Dix commandements pour une vie meilleure, (disque compact double) *Og Mandino*
Lâchez prise ! (disque compact double) *Guy Finley*
Mémorandum de Dieu (Le), (deux versions : Roland Chenail et Pierre Chagnon), *Og Mandino*
Père riche, père pauvre, (disque compact double) *Robert T. Kiyosaki et Sharon L. Lechter*
Quatre accords toltèques (Les) (disque compact double), *Don Miguel Ruiz*
Sept lois spirituelles du succès (Les) (disque compact double), *Deepak Chopra*

En vente chez votre libraire ou à la maison d'édition
Prix sujets à changement sans préavis

Si vous désirez obtenir le catalogue de nos parutions,
il vous suffit de nous écrire à l'adresse suivante :

Les éditions Un monde différent ltée
C.P. 51546
Succursale Galeries Taschereau
Greenfield Park (Québec), Canada J4V 3N8
ou de composer le 450 659-4137 ou
le téléc. 450 659-9328

Site Internet : http://www.unmondedifferent.com
Courriel : info@umd.ca

Achevé d'imprimer en avril 2022
par la Société TIRAGE - 91941 COURTABŒUF

Dépôt légal : 2007
X25635/61

Imprimé en France